教材项目规划小组

严美华　姜明宝　张少春
岑建君　崔邦炎　宋秋玲
赵国成　宋永波　郭　鹏

第1版参编人员

编　　者：孔繁清　张惠芬　王晓澎　吴叔平
译　　者：赵士钰
合作单位：Universidad de Granada (西)
审订顾问：Prof. Dr. Juan José Ciruela Alférez (西)

第2版修订人员

修　　订：外研社国际汉语研究发展中心
审订顾问：Prof. Dr. Juan José Ciruela Alférez (西)
　　　　　Prof. Modesto Corderi Novoa (西)

EL CHINO DE HOY

今日汉语

SEGUNDA EDICIÓN
第 2 版

LIBRO DEL ALUMNO 3
学生用书

编　者：孔繁清　张惠芬　王晓澎　吴叔平
修　订：外研社国际汉语研究发展中心

外语教学与研究出版社
北　京

图书在版编目（CIP）数据

今日汉语学生用书. 3：汉、西 ／ 孔繁清等编. — 2 版. — 北京：外语教学与研究出版社，2013.1
（2014.8 重印）
ISBN 978-7-5135-2724-8

Ⅰ. ①今…　Ⅱ. ①孔…　Ⅲ. ①汉语—对外汉语教学—教材　Ⅳ. ①H195.4

中国版本图书馆 CIP 数据核字（2013）第 009435 号

出　版　人：蔡剑峰
责任编辑：李　扬
封面设计：王　珣　韩晓梦
版式设计：王　珣
出版发行：外语教学与研究出版社
社　　　址：北京市西三环北路 19 号（100089）
网　　　址：http://www.fltrp.com
印　　　刷：北京京师印务有限公司
开　　　本：889×1194　1/16
印　　　张：17
版　　　次：2013 年 1 月第 2 版　2014 年 8 月第 2 次印刷
书　　　号：ISBN 978-7-5135-2724-8
定　　　价：53.00 元
＊　　＊　　＊
购书咨询：(010)88819929　　电子邮箱：club@fltrp.com
外研书店：http://www.fltrpstore.com
凡印刷、装订质量问题，请联系我社印制部
联系电话：(010)61207896　　电子邮箱：zhijian@fltrp.com
凡侵权、盗版书籍线索，请联系我社法律事务部
举报电话：(010)88817519　　电子邮箱：banquan@fltrp.com
法律顾问：立方律师事务所　刘旭东律师
　　　　　中咨律师事务所　殷　斌律师
物料号：227240001

再 版 说 明

感谢大家多年来使用和支持外研社国别汉语教材《今日汉语》（西班牙语版）。《今日汉语》是由国家汉办/孔子学院总部规划、外研社出版的专为母语为西班牙语的汉语学习者量身定制的综合汉语系列教材。自2003年出版以来，该教材受到西班牙语地区汉语教师和学习者的广泛好评，已经成为世界上使用最广泛的以西班牙语为媒介语的汉语教材。为了更好地满足已经变化的教学需求，外研社在充分吸收使用学校师生的教学反馈基础上，对原教材进行了全方位的修订与更新，推出了《今日汉语》（第2版）。

新版结构

新版的系列教材涵盖三个级别，每个级别均由学生用书、练习册、配套的MP3光盘及网络教学资源构成。每级学生用书的教学内容均为25课，每课的教学时间按4～6课时设计。教师可根据教学对象的实际情况酌情增减教学时间。MP3内容为学生用书和练习册中课文、生词和听力练习部分的录音。另外，每个级别的教师参考资料、学生自我测验及答案、练习答案均放在外研社www.chineseplus.com网站上，便于使用者随时参阅、下载。

新版特色

★ 专为母语为西班牙语的汉语学习者研发，教学配套资源丰富，课堂教学或成人自学均适用；

★ 教材编写遵循汉语本体规律、第二语言习得和教学规律，充分考虑学习者的学习特点和难点；

★ 汉语教学内容重点突出，关注语言应用，针对性强，充分体现任务型教学特点，呈现真实交际语境；

★ 既可用于培养学生听说读写综合语言技能和交际能力，也可用于针对某一特定语言技能的汉语教学；

★ 教材按难度划分为三个级别，循序渐进，学习者学完全部课程后可达到新HSK五级、六级的汉语水平。

编写体例

《今日汉语》学生用书每课由课文、生词、注释、语言点、综合练习以及文化点六个板块组成。板块安排以结构为主线，结合了教学功能和跨文化交际的设计。板块内容以日常交际活动为主，取材于真实生活。

★ 拼音专项训练

初级分册的第1～5课为汉语语音的讲解与操练，采用在语流中学习语音的方法，提供一定的语境，课文不出现汉字，目的在于加强学习者的语音训练，从而打好语音基础。

★ 生词循环往复

整套教材的生词由一般生词、专有名词和补充生词三部分构成，一般生词要求能认读、会书写，专有名词和补充生词只要求能认读即可。有的补充生词会出现在例句或练习中，也可能在之后的课文里转变为一般生词，目的是使一般生词和补充生词有一定的复现功能，帮助学习者更好地理解、记忆和运用词汇。

★ 语言点安排合理

语言点按照由易到难、由简单到复杂的顺序编排，根据实用性和交际性原则甄选，其解释力求简明扼要，并通过实例帮助学习者深入理解和掌握。

★ 综合练习形式多样

综合练习内容丰富，充分体现语言习得规律。练习由两部分组成，一部分供课堂使用，另一部分编入练习册。教师可根据课时安排，将练习册的练习布置为课后作业，由学习者独立完成。汉字是该套教材的教学重点之一，为此，书中除了讲解汉字的基本笔画和主要特点之外，在综合练习部分还特别设计了汉字描摹练习，帮助学习者感受汉字之美，巩固汉字知识，提高书写能力。

★ 文化介绍视角独特

文化点通过跨文化交际的模式来介绍中国传统和现当代文化，重在反映中华文化的丰富内涵和当代中国人的思维方式以及价值观念。为汉语学习者打开一扇窗，让他们感受、领略中西文化的多元化和异同点。

为了此次《今日汉语》的再版，我们在西班牙语国家、地区的汉语教师中做了大量问卷调查和访谈记录，大家提出的许多宝贵而实用的意见基本都体现在了新一版的教材中。西班牙格拉纳达大学（Universidad de Granada）的胡安博士（Juan José Ciruela Alférez）曾参与过《今日汉语》第一版的创编，也是该套教材的忠实使用者，多年来他一直向我们积极提供自己的教材使用经验，并对我们的再版工作给予了强有力的支持。此外，我们亦邀请了精通中、西双语的莫帝先生（Modesto Corderi Novoa）（曾在北京塞万提斯学院工作多年，现任教于北京外国语大学）对全套教材的西班牙文做了审订。在此，谨对各位老师给予我们的大力支持表示最诚挚的谢意。

希望修订后的《今日汉语》能为一直以来使用这套教材的老师以及将来会使用它的老师提供更多的便利，为学习者提供更多的选择。最后我们希望更多的学校能使用这套教材，并给我们提出宝贵意见，使《今日汉语》这套教材更加完善。

外语教学与研究出版社
2012年10月

Prólogo a la segunda edición

Muchas gracias por todo el apoyo recibido y por haber utilizado todos estos años este libro de "EL CHINO DE HOY (Edición en español)" de la editorial de la Universidad de Lenguas Extranjeras de Pekín.

"EL CHINO DE HOY" es una serie de libros de texto auspiciados por la Oficina Estatal del Gobierno de la República Popular de China para la Enseñana del idioma chino a extranjeros (Hanban) y redactados por la Editorial de la Universidad de Lenguas Extranjeras de Pekín especialmente para los hablantes cuyo idioma materno es el español. Desde el año 2003, estos libros de texto han tenido una muy buena acogida entre los profesores de chino y sus estudiantes en los países hispanohablantes, y se han convertido en el material más utilizado en todo el mundo para la enseñanza del idioma chino a hispanohablantes. Para poder satisfacer mejor las nuevas y cambiantes necesidades educativas, esta editorial ha realizado una extensiva recopilación de los consejos y sugerencias de los profesores y alumnos, realizando cambios y mejoras sobre la primera edición, presentando así "EL CHINO DE HOY" (segunda edición).

Estructura de la nueva edición

Esta nueva edición se divide en tres niveles: inicial, intermedio y avanzado. Cada nivel se compone de un libro de texto, un libro de ejercicios, un disco MP3 y recursos didácticos on line. Cada nivel tiene 25 lecciones, cada lección está diseñada para unas 4 a 6 horas de clase. El profesor puede ajustar las horas de clase para enseñar cada lección según las circunstancias de los alumnos. El disco MP3 contiene las grabaciones de los textos de cada lección, además de las palabras nuevas y los textos de lectura. Además existen una serie de recursos didácticos, tests de autoaprendizaje con respuestas y también respuestas a los ejercicios de cada nivel que están en la página web www.chineseplus.com creada por la Editorial de la Universidad de Lenguas Extranjeras de Pekín. Los usuarios pueden acceder al contenido online y descargarlo.

Características de la nueva edición

★ Especialmente diseñado para alumnos cuya lengua materna es el español, contiene recursos didácticos muy completos, es adecuado para ser utilizado como libro de texto en centros de enseñanza o como material de autoestudio para adultos;

★ Este libro de texto se ha escrito conforme a las reglas y costumbres del chino mandarín y del segundo idioma, y al mismo tiempo se ha pensado especialmente en las características y dificultades específicas de los estudiantes cuya lengua materna es el español;

★ Se han resaltado los puntos claves del libro de texto, con un estilo muy directo y un enfoque orientado a tareas, presentando el contenido en un contexto comunicativo;

★ Por una parte este material de enseñanza del chino permite mejorar las habilidades de comprensión auditiva, expresión oral, comprensión lectora y expresión escrita y además también se puede utilizar para practicar una destreza lingüística concreta y específica del idioma chino;

★ Este libro de texto está dividido en tres niveles de dificultad progresiva, el estudiante , al completarlos, alcanzará el nivel 5 ó 6 del nuevo examen HSK oficial de chino de Hanban.

Estilo y redacción del libro de texto

Cada lección del libro de texto "EL CHINO DE HOY" se compone de seis partes: texto, palabras nuevas, notas, cuestiones de lengua china, ejercicios y cuestiones de la cultura china. Se adopta una estructura como principal, combinando la función didáctica con la cultura. Se toman modelos de la vida cotidiana, asegurándose que los materiales empleados concuerdan con situaciones prácticas reales.

★ Ejercicios específicos de Pinyin

En el nivel inicial, las lecciones 1 a 5 son específicas para explicar y practicar pinyin, utilizando el método de estudiar la fonética a través del discurso, proporcionando un entorno lingüístico en el que en el texto no se utilizan caracteres. El objetivo es centrarse en la práctica fonética del estudiante, creando así una sólida base fonética.

★ Palabras nuevas cíclicas

Todas las palabras nuevas de este material didáctico se dividen en tres tipos:

palabras nuevas, nombres propios y palabras suplementarias. Sobre las palabras nuevas, se exige saber leerlas y escribirlas; respecto a los nombres propios y palabras suplementarias, se exige solamente saber leerlas. Algunas palabras suplementarias pueden encontrarse en los ejemplos o ejercicios, y también quizás aparezcan repetidas en lecciones posteriores, el objetivo es que se repasen dichas palabras para ayudar a que el estudiante las comprenda, memorize y utilice mejor.

★ Cuestiones de la lengua china bien estructuradas

Las cuestiones de la lengua china están ordenadas de menor a mayor dificultad, seleccionadas según su frecuencia de uso comunicativo, de esta manera se facilita su comprensión de manera concisa y precisa, ademàs, mediante ejemplos se ayuda al estudiante a profundizar en los contenidos.

★ Ejercicios variados

Los ejercicios tienen un contenido rico y variado, en el que se practican las estrucutras del idioma. Se dividen en dos partes: la primera parte es para hacer ejercicios en clase, y la otra parte está compuesta por ejercicios que están en el cuaderno de ejercicios. El profesor, dependiendo de la planificación del horario de clases, puede decidir asignar los ejercicios del cuaderno de ejercicios como deberes para después de clase, para que el estudiante los realice por su cuenta. Los caracteres chinos son uno de los puntos clave en este libro de texto, por consiguiente, además de explicar las características principales y trazos de los caracteres, al final de la parte de los ejercicios se ha creado una sección específica para practicar la escritura de los caracteres, que ayuda a los estudiantes a experimentar la belleza de los caracteres chinos y a consolidar su conocimiento de los mismos, mejorando la habilidad de la escritura.

★ Cuestiones de la cultura china con puntos de vista únicos

Las cuestiones de la cultura china a través de un modelo comunicativo nos presentan la cultura china tradicional y contemporánea, y reflejan no sólo el rico contenido de la cultura china, sino también la mentalidad y valores de la China contemporánea. De esta forma se abre una nueva ventana para el estudiante del idioma chino, haciéndole experimentar y apreciar la variedad, similitudes y diferencias de las culturas de China y de Hispanoamérica.

Para esta nueva edición de "EL CHINO DE HOY", hemos realizado numerosas encuestas, consultas y entrevistas entre profesores de chino en países hispanohablantes, que nos han proporcionado muchos consejos valiosos y útiles, los cuales en su mayor parte hemos incluido en esta nueva edición. El **profesor Dr. Juan José Ciruela Alférez** (胡安) de la Universidad de Granada en España anteriormente participó en la primera edición de "EL CHINO DE HOY", y también utiliza dicho libro de texto. Durante varios años nos ha proporcionado su valiosa experiencia al emplear dicho libro y además nos ha brindado su total apoyo para esta nueva edición. Por otra parte, el **profesor Modesto Corderi Novoa** (莫帝), bilingüe en español y chino mandarín, que anteriormente fue durante varios años profesor colaborador de español en el Instituto Cervantes de Pekín y es actualmente profesor de español en la Universidad de Estudios Extranjeros de Pekín, ha revisado y corregido exhaustivamente los tres libros de texto y de ejercicios que componen este material didáctico. Por ello, queremos expresar nuestro más profundo agradecimiento por la gran contribución y apoyo prestados por ambos profesores.

Esperamos que esta nueva edición de "EL CHINO DE HOY" pueda ser más útil y práctica para todos aquellos profesores que anteriormente ya utilizaban la primera edición de este libro de texto y deseamos que los estudiantes tengan más y mejores opciones. Por último esperamos que más universidades y escuelas utilicen nuestro libro y también nos proporcionen valiosos consejos, para seguir mejorando entre todos "EL CHINO DE HOY".

Editorial de la Universidad de Lenguas Extranjeras de Pekín
Octubre de 2012

目　录

课文 Texto

你的名字怎么写?

(马丁在校园里和新来的美国学生张德明聊天)

马　丁：张德明，你的名字怎么写?

张德明：弓长"张"，德国的"德"，明天
　　　　的"明"。

马　丁：你来北京多久了?

张德明：我刚来几天，哪儿都不熟悉，谁
　　　　也不认识。你是从哪儿来的?

马　丁：西班牙。

张德明：西班牙? 我上小学的时候，在那
　　　　儿呆过三年。

马　丁：你小时候怎么会在西班牙住呢?

张德明：我爸爸是外交官，在大使馆工
　　　　作。我们常常搬家，父母到哪

生　词

Palabras nuevas

校园（名）xiàoyuán
　　(s.) campus de la uni-
　　versidad

写（动）xiě
　　(v.) escribir

弓（名）gōng
　　(s.) arco

久（形）jiǔ
　　(adj.) largo tiempo

小学（名）xiǎoxué
　　(s.) escuela primaria

呆（动）dāi
　　(v.) estar, permanecer

小时候（名）xiǎoshíhou
　　(s.) cuando alguien
　　era pequeño, en la
　　infancia

外交官（名）wàijiāoguān
　　(s.) diplomático

大使馆（名）dàshǐguǎn
　　(s.) embajada

父母（名）fùmǔ
　　(s.) los padres

不少 bù shǎo
　　no pocos

国家（名）guójiā
　　(s.) país

生活（名）shēnghuó

儿，我就到哪儿。

马　丁：你去过不少地方吧？

张德明：在17岁以前，我在西班牙、德国、瑞士和约旦住过，在这四个国家就住了13年。

马　丁：这样的生活一定很有意思。

张德明：17岁那年，我回美国上大学。

马　丁：那你现在怎么又来中国了呢？

张德明：以前无论在哪个国家，我父母都会常常带我去那儿的中国餐馆吃饭。他们很喜欢吃中国菜，慢慢地我也开始喜欢了，对中国也越来越感兴趣。我在美国的大学学的是中文。

马　丁：你不是为了享受中国的美食才来中国学习的吧？

张德明：这也有可能呀。

Nǐ de míngzi zěnme xiě?

Mǎdīng: Zhāng Démíng, nǐ de míngzi zěnme xiě?

Zhāng Démíng: Gōng cháng "Zhāng", Déguó de "dé", míngtiān de "míng".

(s.) vida

无论（连）wúlùn
(conj.) sea cual sea

会（能愿）huì
(v. mod.) ser posible, poder

餐馆（名）cānguǎn
(s.) restaurante

感兴趣 gǎn xìngqù
interesar

为了（介）wèile
(prep.) para

享受（动）xiǎngshòu
(v.) disfrutar, gozar

美食（名）měishí
(s.) exquisitez

专　名

Nombres propios

张德明 Zhāng Démíng
Zhang Deming

德国 Déguó
Alemania

约旦 Yuēdàn
Jordania

补充生词

Palabras suplementarias

同意（动）tóngyì
(v.) de acuerdo

Mǎdīng:	Nǐ lái Běijīng duōjiǔ le?
Zhāng Démíng:	Wǒ gāng lái jǐ tiān, nǎr dōu bù shúxī, shéi yě bú rènshi. Nǐ shì cóng nǎr lái de?
Mǎdīng:	Xībānyá.
Zhāng Démíng:	Xībānyá? Wǒ shàng xiǎoxué de shíhou, zài nàr dāiguo sān nián.
Mǎdīng:	Nǐ xiǎoshíhou zěnme huì zài Xībānyá zhù ne?
Zhāng Démíng:	Wǒ bàba shì wàijiāoguān, zài dàshǐguǎn gōngzuò. Wǒmen chángcháng bānjiā, fùmǔ dào nǎr, wǒ jiù dào nǎr.
Mǎdīng:	Nǐ qùguo bù shǎo dìfang ba?
Zhāng Démíng:	Zài shíqī suì yǐqián, wǒ zài Xībānyá、Déguó、Ruìshì hé Yuēdàn zhùguo, zài zhè sì gè guójiā jiù zhùle shísān nián.
Mǎdīng:	Zhèyàng de shēnghuó yídìng hěn yǒu yìsi.
Zhāng Démíng:	Shíqī suì nà nián, wǒ huí Měiguó shàng dàxué.
Mǎdīng:	Nà nǐ xiànzài zěnme yòu lái Zhōngguó le ne?
Zhāng Démíng:	Yǐqián wúlùn zài nǎge guójiā, wǒ fùmǔ dōu huì chángcháng dài wǒ qù nàr de Zhōngguó cānguǎn chīfàn. Tāmen hěn xǐhuan chī Zhōngguócài,

查（动）chá
　（v.）consultar
字典（名）zìdiǎn
　（s.）diccionario
购物（动）gòuwù
　（v.）hacer compras
抢救（动）qiǎngjiù
　（v.）salvar
连续（动）liánxù
　（v.）continuar
健康（形）jiànkāng
　（adj.）saludable
放弃（动）fàngqì
　（v.）abandonar

mànmàn de wǒ yě kāishǐ xǐhuan le, duì Zhōngguó yě yuèláiyuè gǎn xìngqù. Wǒ zài Měiguó de dàxué xué de shì Zhōngwén.

Mǎdīng: Nǐ bú shì wèile xiǎngshòu Zhōngguó de měishí cái lái Zhōngguó xuéxí de ba?

Zhāng Démíng: Zhè yě yǒu kěnéng ya.

语言点 **Cuestiones de lengua china**

一、哪儿都不熟悉，谁也不认识

疑问代词"哪儿"、"谁"、"什么"等有时不表示疑问，而表示任指。句中常有副词"都"或"也"与之呼应。例如：

A veces los pronombres interrogativos "哪儿", "谁" y "什么" no expresan interrogación, sino que funcionan como pronombres indefinidos, En correlación con ellos suelen emplearse en la oración los adverbios "都" o "也". Por ejemplo:

1. 这个周末去哪儿玩我都同意。
2. 在学校里，谁都知道他网球打得特别好。
3. 刚来中国的时候，我什么也不会说，只好查字典。

二、以前无论在哪个国家，我父母都会常常带我去那儿的中国餐馆吃饭

"无论……都……"这一格式是由连词"无论"和副词"都"组成的，表示在任何条件下，其结果或结论都不会改变。例如：

"无论……都……" es una estructura formada por la conjunción "无论" y el adverbio "都" y expresa que, en ninguna de las circunstancias referidas, cambia el resultado o la conclusión. Por ejemplo:

1. 无论在什么地方，你都可以买到那本书。
2. 无论白天晚上，都可以网上购物。
3. 无论天气好坏，我们都去参加他的生日晚会。

三、你不是为了享受中国的美食才来中国学习的吧

介词"为了"跟其他词语或短语结合，组成介词结构，用于表示目的。

例如：

La preposición "为了" forma con otras palabras o frases sintagmas preposicionales, que indican el objetivo de la acción del verbo. Por ejemplo:

1. 为了抢救病人，那些大夫连续工作了十几个小时。
2. 为了身体健康，他每天都坚持跑步。
3. 为了工作，他放弃了到国外学习的机会。

文化点 Cuestiones de la cultura china

久负盛名的中国刺绣

El bordado chino, famoso desde hace mucho tiempo

刺绣是优秀的中华民族传统工艺之一。中国刺绣是在蚕桑生产的基础上发展起来的传统工艺品，跟绘画也有密切的关系。这种传统工艺品已有很悠久的历史了。中国刺绣丰富多彩，品种很多，由于产地不同，形成了各自不同的风格和特色。享有盛誉的苏绣、湘绣、蜀绣和粤绣，分别产于江苏、湖南、四川和广东，号称"四大名绣"。此外，北京的京绣、温州的瓯绣、上海的顾绣和苗族的苗绣也是很有名

El bordado es uno de las excelentes variedades de la artesanía tradicional china, objeto artesanal que se ha desarrollado sobre la base de la producción de la seda y tiene además un estrecho vínculo con la pintura china. Este arte posee una historia ya milenaria. El bordado chino es muy rico en colores y variedades. Las diversas zonas productoras han formado su propio estilo y características peculiares. Los bordados de las provincias de Jiangsu, Hunan, Sichuan y Guangdong son tan renombrados que han adquirido la reputación de ser los "Cuatro célebres bordados" de China. Aparte de estos cuatro, el bordado de Beijing, el de Wenzhou, provincia de Zhejiang, el de Shanghai y el de la

的。中国刺绣的用途很广，
有用于生活服装、戏曲和歌
舞服装的，还有用于许多其
他生活用品和室内陈设品
的。中国刺绣在国际上也
有良好的声誉，受到人们的
喜爱。

nacionalidad Miao son también muy apreciados. El bordado chino tiene amplias utilidades: Además de aplicarse al vestido cotidiano y a la vestimenta de las óperas y danzas, hay otros muchos artículos de uso diario o de adorno que son hechos de bordados. El bordado chino cuenta con muy buena fama en el mundo y es bien acogido por las gentes en todas partes.

练 习 Ejercicios

一、听两遍录音后，给下列句子标上声调/*Escucha dos veces la grabación y luego marca los tonos de las palabras de las siguientes oraciones*

1. Wo baba shi waijiaoguan, zai dashiguan gongzuo.

2. Women changchang banjia, fumu dao nar, wo jiu dao nar.

3. Zai shiqi sui yiqian, wo zai Xibanya、Deguo、Ruishi he Yuedan zhuguo.

4. Ni bu shi weile xiangshou Zhongguo de meishi cai lai Zhongguo xuexi de ba?

二、听录音，然后复述所听内容/*Escucha la grabación y, luego, cuenta verbalmente el contenido*

三、替换练习/*Ejercicio de sustitución*

1. <u>我刚来几天，</u> 哪儿都<u>不熟悉</u>。

你说的这几个地方，我	哪儿	想去
大家	谁	知道他游泳游得很好
我们大家	谁	喜欢他
他病了，	什么	不想吃
你想要	什么礼物	可以

2. <u>我</u> 谁也<u>不认识</u>。

他	什么	不知道
我累得	什么东西	不想吃
今天天气不好，我	哪儿	不想去
这两个人，我	谁	不喜欢
除了北京，我	哪儿	没去过

3. 无论<u>在哪个国家</u>，<u>我父母都会常常带我去那儿的中国餐馆吃饭</u>。

什么时候	你	可以来找我
是大事小事	他	会好好去做
天气好坏	我们周末	出去玩
多贵	这本书我	要买
你有什么问题	我	会帮你

四、用"无论……都……"回答下列问题/*Responde a las siguientes preguntas con* "无论……都……"

1. 明天下雨，我们还去不去长城了？

_____。

2. 他工作这么忙，还会帮我们吗？

_____。

3. 他不同意，你还要做这件事吗？

   _____。

4. 这个新手机很贵，你还买不买了？

   _____。

5. 我什么时候可以给你打电话？

   _____。

6. 你这么忙，周末能休息吗？

   _____。

五、看图说话：介绍张德明/*Dialoga según los siguientes dibujos. Presenta a Zhang Deming*

张德明在西班牙上过三年小学。

他还在德国、瑞士和约旦住过。

17岁那年，张德明回美国上大学。

他很喜欢吃中国菜，对中国也很感兴趣。

A: 张德明是哪国人？

B: ……

A: 他的名字怎么写？

B: ……

A: 他爸爸是做什么工作的？

B: ……

A: 他去过不少国家吗？

B: ……

A: 他以前来过北京没有？

B: ……

A: ……

B: ……

A: ……

B: ……

六、选择词语填空/*Selecciona palabras apropiadas para rellenar los espacios en blanco*

（准备简历、学好汉语、得、谁、都、为了、哪儿、无论）

1. 在我们班，_____都喜欢玛丽亚。

2. 我们大家谁_____会游泳。

3. 你想去哪儿，我就陪你去_____。

4. 每天_____多忙，他都坚持锻炼身体。

5. 他的汉语说_____越来越好了。

6. _____学好京剧，他坚持每天练习。

7. 为了_____，他昨天晚上12点才睡觉。

8. 为了_____，他来到了北京。

七、划线连接下列词语/*Enlaza con rayas las siguientes expresiones*

对中国	也不吃
这样的生活	就一定能做好
只要你想做	被他翻得乱七八糟
我的东西	越来越感兴趣
连饭	麻烦
不觉得	印象
没有	去看
特地	很有意思

八、把下列句子翻译成汉语/*Traduce al chino las siguientes oraciones*

1. Acabo de empezar a aprender la pintura china.
2. Estamos dispuestos a permanecer aquí dos días.
3. José ya se ha mudado tres veces de casa.
4. La vida universitaria me parece muy divertida.
5. Él siente cada vez más interés por el estudio del chino.
6. Es muy probable que él no venga.

课 文 Texto

我最喜欢交朋友了

（张德明在校园散步时，遇见了同屋金正勇）

金正勇：张德明，你散步呢？

张德明：我对学校的环境不太熟悉，所以
出来转转。

金正勇：要不要我带你参观一下？

张德明：那太好了，谢谢。

金正勇：你觉得我们学校怎么样？

张德明：中国的大学挺有意思的，和美国
不一样，四周有围墙。

金正勇：这跟韩国也不一样，学校里什么
都有。像邮局、银行、医院、商
店什么的，都在学校里边，所以
生活很方便。

生 词

Palabras nuevas

……时 …shí
cuando

遇见（动）yùjiàn
(*v.*) *encontrar a alguien*

同屋（名）tóngwū
(*s.*) *compañero/a de
habitación*

环境（名）huánjìng
(*s.*) *ambiente*

转（动）zhuàn
(*v.*) *dar una vuelta*

参观（动）cānguān
(*v.*) *visitar*

四周（名）sìzhōu
(*s.*) *alrededor, derre-
dor*

围墙（名）wéiqiáng
(*s.*) *muro de circun-
valación*

像……什么的 xiàng…
shénmede
tales como

邮局（名）yóujú
(*s.*) *oficina de correos*

里边（名）lǐbian
en el interior de…

听说（动）tīngshuō
(*v.*) *dicen que, oír decir*

张德明： 听说我们学校有一百多个国家的留学生呢。

金正勇： 对，你可以在这儿跟不同国家的人交朋友。

张德明： 我最喜欢交朋友了，中国人常常说：在家靠父母，出门靠朋友。

金正勇： 你正好可以多交一些了。对了，这学期的课你选好了吗？

张德明： 选好了。我选了中国历史，因为我对中国的历史特别感兴趣。还选了汉字、口语、听力。你呢？

金正勇： 我也选好了。

张德明： 毕业以后你想做什么？

金正勇： 还没想好。但是对我来说，人生有两大目标：一是赚大钱，二是当大官。

张德明： 啊？你的野心也太大了吧？

金正勇： 跟你开玩笑呢，其实我毕业后要回爸爸的公司工作。

Wǒ zuì xǐhuan jiāo péngyou le

Jīn Zhèngyǒng: Zhāng Démíng, nǐ sànbù ne?

留学生（名）liúxuéshēng
(s.) estudiante extranjero

交（动）jiāo
(v.) hacer, trabar (amistad)

靠（动）kào
(v.) fiarse de, apoyarse en

出门（动）chūmén
(v.) en la sociedad

正好（副）zhènghǎo
(adv.) justamente

学期（名）xuéqī
(s.) semestre

选（动）xuǎn
(v.) elegir (asignaturas)

对……来说 duì…lái shuō
para (mí, tí, él, ella, nosotros...)

人生（名）rénshēng
(s.) vida humana

目标（名）mùbiāo
(s.) objetivo, meta

一是……二是…… yī shì…èr shì…
el uno es..., el otro es...

赚（动）zhuàn
(v.) ganar

官（名）guān
(s.) funcionario

Zhāng Démíng: Wǒ duì xuéxiào de huánjìng bú tài shúxī, suǒyǐ chūlái zhuànzhuan.

Jīn Zhèngyǒng: Yào bu yào wǒ dài nǐ cānguān yíxià?

Zhāng Démíng: Nà tài hǎo le, xièxie.

Jīn Zhèngyǒng: Nǐ juéde wǒmen xuéxiào zěnmeyàng?

Zhāng Démíng: Zhōngguó de dàxué tǐng yǒu yìsi de, hé Měiguó bù yíyàng, sìzhōu yǒu wéiqiáng.

Jīn Zhèngyǒng: Zhè gēn Hánguó yě bù yíyàng, xuéxiào li shénme dōu yǒu. Xiàng yóujú, yínháng, yīyuàn, shāngdiàn shénmede, dōu zài xuéxiào lǐbian, suǒyǐ shēnghuó hěn fāngbiàn.

Zhāng Démíng: Tīngshuō wǒmen xuéxiào yǒu yìbǎi duō gè guójiā de liúxuéshēng ne.

Jīn Zhèngyǒng: Duì, nǐ kěyǐ zài zhèr gēn bùtóng guójiā de rén jiāo péngyou.

Zhāng Démíng: Wǒ zuì xǐhuan jiāo péngyou le, Zhōngguórén chángcháng shuō: zài jiā kào fùmǔ, chūmén kào péngyou.

Jīn Zhèngyǒng: Nǐ zhènghǎo kěyǐ duō jiāo yìxiē le. Duì le, zhè xuéqī de kè nǐ xuǎnhǎole ma?

Zhāng Démíng: Xuǎnhǎo le. Wǒ xuǎnle Zhōngguó Lìshǐ, yīnwèi wǒ duì Zhōngguó de lìshǐ tèbié gǎn xìngqù. Hái xuǎnle

野心（名）yěxīn
(s.) ambición

开玩笑 kāi wánxiào
bromear, gastar broma, decir algo en broma

其实（副）qíshí
(adv.) en realidad

Nombres propios

金正勇 Jīn Zhèngyǒng
Jin Zhengyong

韩国 Hánguó
Corea

汉字 Hànzì
caracter chino

口语 Kǒuyǔ
lenguaje hablado

听力 Tīnglì
comprensión auditiva

补充生词

Palabras suplementarias

降温（动）jiàngwēn
(v.) bajar la temperatura

年轻（形）niánqīng
(adj.) joven

回答（动）huídá
(v.) contestar, responder

Hànzì、Kǒuyǔ、Tīnglì. Nǐ ne?

Jīn Zhèngyǒng: Wǒ yě xuǎnhǎo le.

Zhāng Démíng: Bìyè yǐhòu nǐ xiǎng zuò shénme?

Jīn Zhèngyǒng: Hái méi xiǎnghǎo. Dànshì duì wǒ lái shuō, rénshēng yǒu liǎng dà mùbiāo: yī shì zhuàn dà qián, èr shì dāng dà guān.

Zhāng Démíng: Á? Nǐ de yěxīn yě tài dà le ba?

Jīn Zhèngyǒng: Gēn nǐ kāi wánxiào ne, qíshí wǒ bìyè hòu yào huí bàba de gōngsī gōngzuò.

语言点 Cuestiones de lengua china

一、听说我们学校有一百多个国家的留学生呢

"听说"是一个特殊的动词，含有消息来源不确定的意思。常在句中充当插入语，用于句首。例如：

"听说" es un verbo especial e indica que se tratará de una noticia de fuente no muy cierta. Suele emplearse como inciso al principio de una oración. Por ejemplo:

1. 听说他最近身体不太好。
2. 听天气预报说，后天有大风，要降温。
3. 听说赵小英搬家了。

二、但是对我来说

"对……来说"是个常用格式，表示从某一角度去说明缘由或进行分析，在句中充当状语。例如：

"对……来说" es una estructura usual. Siendo modificador adverbial en la oración, e indica para quién es válido lo que se dice en ella. Por ejemplo:

1. 对我来说，要把这篇文章翻译成英语，有很多困难。
2. 对我们来说，最好是能去海边度假。
3. 这个问题对他来说是很容易解决的。

三、其实我毕业后要回爸爸的公司工作

副词"其实"表示所说的是实际情况，含有承接上文并转折的意思。例如：

El adverbio "其实" indica que lo que dice la oración por él afectada es la realidad. Tiene valor conjuntivo y es adversativo. Por ejemplo:

1. 今天其实是个好天气。
2. 他看起来很年轻，其实已经五六十岁了。
3. 这个问题其实不难回答。

文化点 *Cuestiones de la cultura china*

东方威尼斯——苏州

历史文化名城苏州位于太湖之滨，南北大运河从北向西南穿城而过，直通杭州。苏州市内河网密布，许多居民都居住在水边，人们可以坐船来来往往，交通十分便利，整个城市形成了"小桥、流水、人家"的迷人格局。早在13世纪，意大利旅行家马可·波罗来到苏州后，就盛赞中国水都苏州跟意大利的威尼斯相似，富有水乡情趣，因此苏州有了"东方威尼斯"的美称。近年来，随着城市建设的发

Suzhou — Venecia del oriente

Suzhou, ciudad histórica y cultural de la provincia de Jiangsu, se ubica a la orilla del lago Taihu. El Gran Canal la atraviesa de norte a suroeste y la comunica directamente con Hangzhou, hermosa capital de la provincia de Zhejiang. Multitud de habitantes viven al borde de las aguas y cuentan con muchas facilidades de transporte fluvial. Toda la ciudad presenta por doquier vistas maravillosas formadas por pequeños puentes, ríos y casitas. Ya en el siglo XIII llegó allí el viajero italiano Marco Polo, a quien le gustó mucho esta ciudad acuática china por parecerse a Venecia de Italia y tener sus atractivos peculiares. De ahí la bella calificación de Suzhou de "Venecia del oriente".

展，人们对一些河道进行了改造，但总体上仍保留着水都的特色。

苏州还素以园林著称于世。苏州园林多为私家园林，小巧玲珑，古朴典雅，宁静自然，意境深邃，有很深厚的文化底蕴。它巧妙地运用了对比、衬托、对景、借景等多种造园技巧和手法，将亭、楼、泉、石、花、木组合在一起，在都市中创造出人与自然和谐共处的居住环境。在中国自古就有"上有天堂，下有苏杭"的说法，意思是说苏州、杭州人杰地灵，是最美好、最理想的地方。联合国已经把苏州园林列入《世界遗产名录》。

En los últimos años, con el desarrollo de la urbanización de la ciudad, se han reformado algunos ríos; sin embargo, en conjunto aún se conserva su característica de ciudad acuática.

Desde hace mucho, Suzhou es conocida en China por su jardinería. Los jardines de Suzhou son en su mayoría privados y se caracterizan por ser diminutos pero preciosos, sencillos y refinados, tranquilos y naturales, magníficamente concebidos y cargados de un profundo contenido cultural. Para construirlos se han empleado ingeniosamente diversas técnicas artísticas de la jardinería china, como el contraste, el realce, la contraposición de vistas, el préstamo de paisajes cercanos, etc. para organizar en un conjunto quioscos, pabellones, fuentes, peñascos, flores y árboles, creando así dentro de barrios urbanos ambientes de vivienda armoniosos entre el hombre y la naturaleza. Desde tiempos remotos se viene diciendo entre los chinos: "Arriba tenemos el paraíso y abajo tenemos Suzhou y Hangzhou." El dicho da a entender que las dos localidades son tierras divinamente maravillosas a donde todo el mundo anhela ir. La ONU ya ha incluido los jardines de Suzhou en la lista de los patrimonios mundiales.

练 习 Ejercicios

一、听两遍录音后，给下列词语填上声母/*Escucha dos veces la grabación y luego completa las letras fonéticas de las siguientes palabras agregándoles la parte consonántica*

1. ___ì ___ōu ___e ___uán ___ìng
2. ___uì ___iú ___ué ___ēng ___ái ___uō
3. ___ù ___óng ___e ___uó ___iā
4. ___én ___ēng ___ù ___iāo
5. ___ǐ ___uan ___iāo ___éng ___ou
6. ___āi ___án ___iào

二、听录音，然后复述所听内容/*Escucha la grabación y, luego, cuenta verbalmente el contenido*

三、替换练习/*Ejercicio de sustitución*

1. 听说<u>我们学校</u>有一百多个国家的留学生。

马丁找到了工作
你结婚了
张德明是美国人
他女朋友要来了
何塞病了，我想去看看他

2. 对<u>我</u>来说，<u>人生有两大目标</u>。

他	这件事很难办
王大伟	每天运动是很重要的
我	这个手机太贵了
我们班的同学	口语考试很容易
明子	日本菜最好吃

3. 跟你开玩笑呢，其实我毕业后要回爸爸的公司工作。

他看起来身体很好	常常生病
我觉得火车站很远	一会儿就走到了
他看起来像大学生	是老师
明子看起来只有20岁	她已经28岁了

四、看图说话/*Dialoga según el siguiente dibujo*

中国大学校园

Recinto de una universidad china

五、选择词语填空/*Selecciona palabras apropiadas para rellenar los espacios en blanco*

（什么、开玩笑、别的、对他、对这里、一样、什么的、正好、要不要）

1. 我_____不太熟悉，你能带我走走吗？

2. _____来说，学习是最重要的事。

3. 和_____国家不_____，中国的大学生都住在学校里。

4. 我弟弟很喜欢运动，像足球、网球、乒乓球、篮球_____，他都玩得不错。

5. 这家商店_____东西都有。

6. 他跟你_____呢。

7. 你要的东西_____可以在这里买到。

8. _____我陪你一起去？

六、改正下列错句/*Corrige las faltas de las siguientes oraciones*

1. 中国的大学不一样我们国家的。
2. 我对这里的环境熟悉。
3. 他很喜欢交朋友多。
4. 你觉得北京什么样?
5. 你在这儿跟不同国家的人可以交朋友。
6. 这件事你已经想好吗?

七、选择适当的介词完成句子/*Completa las siguientes oraciones con preposiciones apropiadas*

1. 你什么时候_____我打电话?
2. 我们能_____你一起去吗?
3. 我妈妈寄_____我一张照片。
4. 坚持锻炼_____身体有好处。
5. 你_____那边看,那边很多人在做什么?
6. 张德明_____我们走过来。
7. 张明_____一家公司工作。
8. 他_____我刚买的书拿走了。
9. 我的手机_____小偷偷走了。
10. 他_____啤酒都喝完了。

八、把下列句子翻译成汉语/*Traduce al chino las siguientes oraciones*

1. En realidad yo no conozco a esta persona, sólo he oído hablar de ella a los demás.
2. En realidad la universidad no dista mucho de la estación de ferrocarril.
3. Para nosotros, esta pregunta es fácil de responder.
4. Para él no es fácil hacerlo.
5. Dicen que te has mudado de casa recientemente, ¿es cierto?
6. Dicen que él ha encontrado trabajo.

我们一言为定！

（王玲和赵小英边看照片边交谈）

王　玲：这张照片是在青岛照的吗？

赵小英：对，在我<u>叔叔</u>家门口，他们家离<u>海边</u>不远。我特别喜欢<u>大海</u>，你呢？

王　玲：谁会不喜欢大海呢？我早就想去青岛看看，可是<u>一直</u>没去成。

赵小英：你怎么不早说呢？<u>要不然</u>，<u>咱们</u>就可以一起去了。

王　玲：你以前去过青岛吗？

赵小英：我上小学和<u>初中</u>的时候，每年<u>暑假</u>都去。我叔叔有一个<u>儿子</u>，比

生 词

Palabras nuevas

叔叔 （名） shūshu
(s.) tío (hermano
menor del padre)

海边 （名） hǎibiān
(s.) costa, litoral

大海 （名） dàhǎi
(s.) mar

一直 （副） yìzhí
(adv.) siempre, nunca

要不然 （连） yàoburán
(conj.) si no, de otro
modo

咱们 （代） zánmen
(pron.) nosotros (in-
cluyendo a los oyentes)

初中 （名） chūzhōng
(s.) primer ciclo de la
enseñanza secundaria

暑假 （名） shǔjià
(s.) vacaciones de ve-
rano

儿子 （名） érzi
(s.) hijo

整天 （名） zhěngtiān
(s.) todo el día, día
entero

黑 （形） hēi
(adj.) negro, oscuro

我小一岁。我们常常一整天一整
天地在海边玩儿，不到天黑不肯
回家。

王　玲：那多有意思啊！

赵小英：那时候我们常常在沙滩上跑来跑
去，放风筝。每次得到快开学
了，我妈妈一封信一封信地催，
我才肯回北京。

王　玲：我长这么大，还没见过大海呢。
李芳也说过要去青岛或者大连玩儿
呢。

赵小英：这样吧，咱们说好，明年暑假一
起去。

王　玲：就这么说定了。从下星期开始，
我得去找一个打工的机会，赚点
儿钱。

赵小英：你不问你父母要钱吗？

王　玲：我哪敢呀！对他们来说，负担我
每年的学费就已经很吃力了，我
哪好意思为了玩儿再去问他们要
钱呢？

赵小英：说的也是。

沙滩（名）shātān
(s.) playa

开学（动）kāixué
(v.) apertura de curso,
inicio de clases

封（量）fēng
(clas. para cartas)

信（名）xìn
(s.) carta

催（动）cuī
(v.) urgir, apremiar

长（动）zhǎng
(v.) crecer

打工（动）dǎgōng
(v.) trabajar para ga-
narse la vida, trabajo
eventual

机会（名）jīhuì
(s.) oportunidad

问（介）wèn
(prep.) a, hacia

负担（动）fùdān
(v.) cargar con, hacerse
cargo de

学费（名）xuéfèi
(s.) gastos de enseñanza

吃力（形）chīlì
(adj.) costar trabajo, duro

好意思（动）hǎoyìsi
(v.) tener el descaro de...

王　玲：不管怎么说，这一年我都要好好
　　　　儿学习，再努力赚点儿钱，为了
　　　　明年的约会。

赵小英：什么约会？

王　玲：跟大海的约会呀！

赵小英：对，我们一言为定！

Wǒmen yìyánwéidìng!

Wáng Líng:　Zhè zhāng zhàopiàn shì zài Qīngdǎo
　　　　　　zhào de ma?

Zhào Xiǎoyīng:　Duì, zài wǒ shūshujiā ménkǒu,
　　　　　　tāmen jiā lí hǎibiān bù yuǎn. Wǒ
　　　　　　tèbié xǐhuan dàhǎi, nǐ ne?

Wáng Líng:　Shéi huì bù xǐhuan dàhǎi ne? Wǒ
　　　　　　zǎo jiù xiǎng qù Qīngdǎo kànkan,
　　　　　　kěshì yìzhí méi qùchéng.

Zhào Xiǎoyīng:　Nǐ zěnme bù zǎo shuō ne? Yào-
　　　　　　burán, zánmen jiù kěyǐ yìqǐ qù le.

Wáng Líng:　Nǐ yǐqián qùguo Qīngdǎo ma?

Zhào Xiǎoyīng:　Wǒ shàng xiǎoxué hé chūzhōng
　　　　　　de shíhou, měi nián shǔjià dōu qù.
　　　　　　Wǒ shūshu yǒu yí gè érzi, bǐ wǒ
　　　　　　xiǎo yí suì. Wǒmen chángcháng
　　　　　　yì zhěngtiān yì zhěngtiān de zài
　　　　　　hǎibiān wánr, bú dào tiānhēi bù

不管（连）bùguǎn
(conj.) sea como sea,
pese a

约会（名）yuēhuì
(s.) cita, compromiso

一言为定　yìyánwéidìng
pacto hecho; lo dicho,
dicho; ¡así quedamos!

专　名

Nombres propios

青岛　Qīngdǎo
Qingdao

大连　Dàlián
Dalian

补充生词

Palabras suplementarias

赞成（动）zànchéng
(v.) estar de acuerdo,
aprobar

迟到（动）chídào
(v.) llegar tarde

不见不散　bújiàn-búsàn
no dejar de esperar uno
a otro hasta no verse;
¡quedamos así!

kěn huí jiā.

Wáng Líng:	Nà duō yǒu yìsi a!
Zhào Xiǎoyīng:	Nà shíhou wǒmen chángcháng zài shātān shang pǎolái-pǎoqù, fàng fēngzheng. Měi cì děi dào kuài kāixué le, wǒ māma yì fēng xìn yì fēng xìn de cuī, wǒ cái kěn huí Běijīng.
Wáng Líng:	Wǒ zhǎng zhème dà, hái méi jiànguo dàhǎi ne. Lǐ Fāng yě shuōguo yào qù Qīngdǎo huòzhě Dàlián wánr ne.
Zhào Xiǎoyīng:	Zhèyàng ba, zánmen shuōhǎo, míngnián shǔjià yìqǐ qù.
Wáng Líng:	Jiù zhème shuōdìng le. Cóng xiàxīngqī kāishǐ, wǒ děi qù zhǎo yí gè dǎgōng de jīhuì, zhuàn diǎnr qián.
Zhào Xiǎoyīng:	Nǐ bú wèn nǐ fùmǔ yào qián ma?
Wáng Líng:	Wǒ nǎ gǎn ya! Duì tāmen lái shuō, fùdān wǒ měi nián de xuéfèi jiù yǐjīng hěn chīlì le, wǒ nǎ hǎoyìsi wèile wánr zài qù wèn tāmen yào qián ne?
Zhào Xiǎoyīng:	Shuō de yě shì.
Wáng Líng:	Bùguǎn zěnme shuō, zhè yì nián wǒ dōu yào hǎohāor xuéxí, zài nǔlì zhuàn diǎnr qián, wèile míngnián de yuēhuì.
Zhào Xiǎoyīng:	Shénme yuēhuì?
Wáng Líng:	Gēn dàhǎi de yuēhuì ya!
Zhào Xiǎoyīng:	Duì, wǒmen yìyánwéidìng!

语言点 Cuestiones de lengua china

一、谁会不喜欢大海呢

疑问代词"谁"、"什么"、"哪儿"等在反问句中，也表示任指，不表示疑问。

这种反问句如果是肯定形式，所表示的意思是否定的；如果是否定形式，所表示的意思是肯定的。无论是肯定形式还是否定形式，都有强调的意味。例如：

En las interrogaciones que no manifiestan duda ni exigen respuesta, sino que expresan indirectamente una afirmación, los pronombres interrogativos "谁", "什么" y "哪儿" también funcionan como pronombres indefinidos y no interrogativos. En ellas, si el predicado es afirmativo, el sentido que se expresa es negativo; si el predicado es negativo, el sentido es afirmativo. Este tipo de oración interrogativa, sea afirmativa o negativa, da más vigor y eficacia a lo que dice. Por ejemplo:

1. 他的意见，谁会赞成？（别人都不赞成）(Nadie estará de acuerdo con él.)

2. 在学校有什么不方便的？（在学校都很方便）(En el centro docente hay toda clase de facilidades.)

3. 上班的时候，去哪儿不堵车？（什么地方都堵车）(Hay atascos por todas partes.)

二、要不然，咱们就可以一起去了

连词"要不然"表示如果不是上文所说的情况，就发生或可能发生下文所说的情况。例如：

La conjunción "要不然" indica que, de modo contrario o distinto de lo que se acaba de decir, se produciría lo que se dice a continuación. Por ejemplo:

1. 快走吧，要不然，就要迟到了。

2. 最近太忙了，要不然，我就可以跟你一起去上海。

3. 他每天晚上不是看书，就是散步，要不然就是听听音乐。

三、我们常常一整天一整天地在海边玩儿

"一整天一整天"是数量词重叠的使用形式，表示动作连续不断地进行。例如：

"一整天一整天" es una muestra del uso repetitivo del numeral y clasificador, uso que indica que la acción del verbo se realiza reiteradamente. Por ejemplo:

1. 他妈妈一封信一封信地催，他才肯回北京。
2. 汽车一辆一辆地开过去了。
3. 他一次一次地来问，一共问了五六次。

四、不到天黑不肯回家

"不……不……"是双重否定的形式之一。这种双重否定的形式用来表示肯定，强调肯定的程度是不容置疑的。例如：

"不……不……" es una de las formas de la doble negación. La doble negación expresa una afirmación y esta forma que estamos viendo subraya que la afirmación llega a un grado incuestionable. Por ejemplo:

1. 他不会不来。
2. 明天晚上你在饭店等我，不见不散。
3. 今天他不完成任务不回家。

五、不管怎么说，这一年我都要好好学习

"不管……都……"是表示条件关系的格式之一。连词"不管"用在前一分句里表示条件，副词"都"用在后一分句，强调后一分句的主要意思。"不管……都……"可以用"不管……也……"替代，意思一样。例如：

"不管……都……" es una de las fórmulas que sirven para estructurar oraciones condicionales. La conjunción "不管" se emplea en la suboración precedente que expresa la condición; el adverbio "都" va en la suboración que le sigue y acentúa el sentido principal de ésta última. "不管……都……" puede ser reemplazado por "不管……也……" sin que cambie el sentido. Por ejemplo:

1. 不管工作忙不忙，我每天都要跑步。
2. 不管别人遇到什么困难，他都会去帮助。
3. 不管什么球赛，他都喜欢看。

文化点 Cuestiones de la cultura china

中国省市名的简称

Nombres simplificados de las provincias y municipios de China

在中国，每个省市都有自己的简称，有的简称由全名压缩而成，跟全名相近，但是有很多简称跟全名完全不同，这是怎么回事呢？

中国省市名的简称都是有来历的。有的简称是跟城市的地位相当，如北京简称"京"，京是国都、首都的意思。有的简称是用少数民族的名字，如西藏自治区简称"藏"。有的简称是根据历史上的国名，如山东省简称"鲁"，因春秋时在鲁地建鲁国而得名；山西省简称"晋"，因春秋时晋在此建国而得名。有的简称是根据辖区内的名山大川和江河湖泊来取的，如湖南省简称"湘"，是因湘江而得名；安徽省简称"皖"，是因安徽境内有皖山而得名。还有的简称是根据辖区内有名的

En China, cada provincia y municipio tiene una denominación simplificada, que es siempre un monosílabo. Algunos nombres monosílabos son la abreviación de los nombres oficiales y se les aproximan; pero muchos de ellos difieren completamente de sus nombres originales. ¿A qué se debe esto?

Las denominaciones simplificadas de las provincias y municipios tienen su historia. Algunas tienen que ver con la posición que ocupan en el país, como es el caso de "京 (Jing)" de "北京 (Beijing)", pues "京" quiere decir "la Capital". Otras son tomadas de los nombres de las minorías nacionales que viven concentradas en aquella tierra. Por ejemplo, la Región Autónoma de Xizang (el Tíbet) tiene "藏 (Zang)" como su abreviación. Las hay también basadas en los nombres de los reinos que existieron en la historia de sus zonas. Por ejemplo: la provincia de Shandong se llama en forma simple "鲁 (Lu)", porque, en la época de Primavera y Otoño, el Reino Lu se estableció allí; la provincia de Shanxi es calificada sencillamente de "晋

地名来取的，如河南省简称"豫"，因古有豫州而得名；甘肃省简称"甘"，因有甘州(今张掖)而得名。当然，由于中国历史悠久，各省市的简称一般不只一个来历，往往是综合了上述因素的结果。

(Jin)", porque, en dicha Época, se fundó allá el Reino Jin. Pero la mayoría de los nombres monosílabos proceden de las denominaciones de las grandes montañas, ríos o lagos de su territorio. Por ejemplo, el "湘 (Xiang)" de la provincia de Hunan se origina del río 湘江 (Xiangjiang); el "皖 (Wan)" de la provincia de Anhui, del monte 皖山 (Wanshan). situado en ella. Otras simplificaciones se adquieren por los nombres de algunas poblaciones famosas, antiguas o actuales, de su zona. Por ejemplo, la provincia de Henan se llama sencillamente "豫 (Yu)", porque en tiempos antiguos hubo allí una célebre prefectura denominada 豫州 (Yuzhou); la provincia de Gansu se llama "甘 (Gan)",por la prefectura de 甘州 [Ganzhou, llamada actualmente 张掖 (Zhangye)], que se encontraba allá. Por supuesto, debido a la larga historia de China, existen gran variedad de nombres, que no sólo se originan de términos históricos, sino que también han incorporado otros términos anteriormente mencionados.

练习 Ejercicios

一、听录音跟读下列句子/*Pronuncia en voz alta unas oraciones siguiendo la grabación*

1. Shéi huì bù xǐhuan dàhǎi ne? Wǒ zǎo jiù xiǎng qù Qīngdǎo kànkan, kěshì yìzhí méi qùchéng.

2. Wǒmen chángcháng yì zhěngtiān yì zhěngtiān de zài hǎibiān wánr, bú dào tiānhēi bù kěn huí jiā.

3. Jiù zhème shuōdìng le. Cóng xiàxīngqī kāishǐ, wǒ děi qù zhǎo yí gè dǎgōng de jīhuì, zhuàn diǎnr qián.

4. Duì tāmen lái shuō, fùdān wǒ měi nián de xuéfèi jiù yǐjīng hěn chīlì le.

二、听录音，然后复述所听内容/*Escucha la grabación y, luego, cuenta verbalmente el contenido*

三、替换练习/*Ejercicio de sustitución*

1. <u>谁</u> 会不喜欢大海呢？

谁	不认识这个人
什么地方	他没有去过
哪儿	有不堵车的地方
冬天哪个地方	不冷
谁	会想到这个办法
什么人	会不喜欢礼物

2. 我们常常 <u>一整天一整天地在海边玩儿</u>。

我们	一个人一个人	跟他谈话
这些事要	一件一件	办
他的身体	一天一天	好起来了
你们	一个一个	说
他	一个房间一个房间	看
这些菜	我们一个一个	品尝

3. 我们不到天黑不肯回家。

这件事他	会	答应
你	会	认识他
我	写完汉字	看电视
我们	找到他	回家
妈妈的话	听	行

四、看图说话/ *Exprésate en chino según el siguiente dibujo*

在海边
En la playa

五、选择词语填空/ *Selecciona palabras apropiadas para rellenar los espacios en blanco*

（跟、肯、都、特别、要不然、没有、怎么、不）

1. 我没有时间，_____一定会陪你一起去的。

2. 不管你怎么说，他_____不会答应的。

3. _____他不知道的事情。

4. 你_____不早点儿告诉我们呢？

5. 赵小英_____喜欢大海。

6. 他工作做不完_____会休息。

7. 我们跟小李谈了一个半小时，他才_____帮我们做这件事。

8. 我_____明子有一个约会。

六、用疑问代词（"谁"、"什么"、"哪儿"、"怎么"等）把下列句子改成反问句 / *Convierte las siguientes oraciones en interrogaciones adversativas utilizando pronombres interrogativos ("谁", "什么", "哪儿" o "怎么")*

例：大家都不喜欢这种运动。→ 谁喜欢这种运动呢？

1. 我们班的同学都会游泳。

2. 我们大家都去过北京。

3. 大家都认识这个人。

4. 小刘不敢一个人去。

5. 你一定听说过这件事情。

6. 学校里的生活很方便。

七、划线连接下列词语 / *Enlaza con rayas las siguientes expresiones*

不管我说什么	他都不肯回家
不管我怎么说	我也要走着去
不管这件事情有多难	这孩子都不听
不管那个地方有多远	他也要去打工
不管天气冷不冷	我都要做好
不管妈妈怎么催	他都不答应
不管会不会耽误学习	我都想跟她结婚
不管父母同意不同意	我姐姐都坚持锻炼

八、把下列句子翻译成汉语 / *Traduce al chino las siguientes oraciones*

1. Le llamé una y otra vez para darle prisa y, aun así, no quiso volver a casa.

2. Jugábamos días enteros en la playa.

3. ¿Cómo es posible que no me guste este libro?

4. Date prisa; pues, si no, llegaremos tarde.

5. Creo que no estará en desacuerdo.

6. No importa qué digas, no estaré de acuerdo.

课文 Texto

我想应聘

（王玲打电话到书店去应聘）

李 芳：上网呢，又在找工作？

王 玲：是啊，找个打工机会还真不容易。

李 芳：有合适的吗？

王 玲：你看，这儿有两个，一个是做家教，一个是外文书店的售货员，时间都在周末。

李 芳：你喜欢哪个？

王 玲：我觉得我还是去书店工作比较好。

李 芳：其实做家教也不错，一星期两

生 词

Palabras nuevas

书店（名）shūdiàn
(s.) librería

应聘（动）yìngpìn
(v.) aceptar la oferta de un empleo

上网（动）shàngwǎng
(v.) navegar en el internet

家教（名）jiājiào
(s.) institutriz, maestro privado

比较（副）bǐjiào
(adv.) comparativamente, relativamente, bastante

耐心（名）nàixīn
(s.) paciencia

另外（连）lìngwài
(conj.) además

要求（动）yāoqiú
(v.) exigir

中学（名）zhōngxué
(s.) escuela secundaria

数学（名）shùxué
(s.) las matemáticas

并（副）bìng
(adv.) en realidad

次，每次两个小时，这样也不会耽误你的学习。

王　玲：我这个人对孩子没有耐心。另外，广告上还要求辅导孩子中学数学，我上中学的时候，数学并不好，怎么辅导得了别人呢？

李　芳：那倒也是。外文书店的电话号码是多少？你现在就给他们打个电话吧。

……

书　店：您好！这儿是外文书店。

王　玲：您好！我在网上看到你们的招聘广告，我想应聘。

书　店：可以。不过我们需要的是星期六、星期天工作，每天工作八个小时。

王　玲：时间没问题。我是个在校大学生，我想在周末打点儿工，一方面是为了挣点儿钱，另一方面也为了积累经验。

书　店：我明白。但是你可能还得来我们店里跟经理面谈一次。

网（名）wǎng
(s.) internet, red

校（名）xiào
(s.) universidad, escuela, colegio

一方面……另一方面……
yì fāngmiàn… lìng yì fāngmiàn…
por un lado... y por otro...

挣（动）zhèng
(v.) ganar

积累（动）jīlěi
(v.) acumular

经验（名）jīngyàn
(s.) experiencia

明白（动）míngbai
(v.) comprender, entender

面谈（动）miàntán
(v.) tener una entrevista

提（动）tí
(v.) plantear

由于（连）yóuyú
(conj.) por, como

因此（连）yīncǐ
(conj.) por eso, por consiguiente

系（名）xì
(s.) facultad, departamento

见面（动）jiànmiàn
(v.) verse

王　玲：行，什么时间？

书　店：周五下午 4 点。对了，还有一点
　　　　在广告里没有提到，由于我们是
　　　　外文书店，因此我们需要一个英
　　　　语比较好的……

王　玲：其实，我就是英语系的学生。

书　店：那好，其他的到时候见面再谈
　　　　吧。

Wǒ xiǎng yìngpìn

Lǐ Fāng:　　Shàngwǎng ne, yòu zài zhǎo gōngzuò?

Wáng Líng:　Shì a, zhǎo gè dǎgōng jīhuì hái zhēn bù
　　　　　　róngyi.

Lǐ Fāng:　　Yǒu héshì de ma?

Wáng Líng:　Nǐ kàn, zhèr yǒu liǎng gè, yí gè shì zuò
　　　　　　jiājiào, yí gè shì Wàiwén Shūdiàn de
　　　　　　shòuhuòyuán, shíjiān dōu zài zhōumò.

Lǐ Fāng:　　Nǐ xǐhuan nǎge?

Wáng Líng:　Wǒ juéde wǒ háishi qù shūdiàn
　　　　　　gōngzuò bǐjiào hǎo.

Lǐ Fāng:　　Qíshí zuò jiājiào yě búcuò, yì xīngqī
　　　　　　liǎng cì, měi cì liǎng gè xiǎoshí, zhèyàng
　　　　　　yě bú huì dānwu nǐ de xuéxí.

Wáng Líng:　Wǒ zhège rén duì háizi méiyǒu nàixīn.
　　　　　　Lìngwài, guǎnggào shang hái yāoqiú

英语 Yīngyǔ
inglés

补充生词

Palabras suplementarias

照顾（动）zhàogù
　（*v.*）*cuidar*

考虑（动）kǎolǜ
　（*v.*）*tener en cuenta,*
　tomar en consideración

研究生（名）yánjiūshēng
　（*s.*）*postgraduado*

讲课（动）jiǎngkè
　（*v.*）*dar clases*

会话（动）huìhuà
　（*v.*）*conversar*

修（动）xiū
　（*v.*）*construir, tender*

fǔdǎo háizi zhōngxué shùxué, wǒ shàng zhōngxué de shíhou, shùxué bìng bù hǎo, zěnme fǔdǎo dé liǎo biérén ne?

Lǐ Fāng: Nà dào yě shì. Wàiwén Shūdiàn de diànhuà hàomǎ shì duōshao? Nǐ xiànzài jiù gěi tāmen dǎ gè diànhuà ba.

...

Shūdiàn: Nín hǎo! Zhèr shì Wàiwén Shūdiàn.

Wáng Líng: Nín hǎo! Wǒ zài wǎng shang kàndào nǐmen de zhāopìn guǎnggào, wǒ xiǎng yìngpìn.

Shūdiàn: Kěyǐ. Búguò wǒmen xūyào de shì Xīngqīliù、Xīngqītiān gōngzuò, měi tiān gōngzuò bā gè xiǎoshí.

Wáng Líng: Shíjiān méi wèntí. Wǒ shì gè zài xiào dàxuéshēng, wǒ xiǎng zài zhōumò dǎ diǎnr gōng, yì fāngmiàn shì wèile zhèng diǎnr qián, lìng yì fāngmiàn yě wèile jīlěi jīngyàn.

Shūdiàn: Wǒ míngbai. Dànshì nǐ kěnéng hái děi lái wǒmen diàn li gēn jīnglǐ miàntán yí cì.

Wáng Líng: Xíng, shénme shíjiān?

Shūdiàn: Zhōuwǔ xiàwǔ sì diǎn. Duì le, hái yǒu yì diǎn zài guǎnggào li méiyǒu tídào, yóuyú wǒmen shì Wàiwén Shūdiàn, yīncǐ wǒmen xūyào yí gè Yīngyǔ bǐjiào hǎo de…

Wáng Líng: Qíshí, wǒ jiù shì Yīngyǔxì de xuésheng.

Shūdiàn: Nà hǎo, qítā de dào shíhou jiànmiàn zài tán ba.

语言点 Cuestiones de lengua china

一、我觉得我还是去书店工作比较好

"还是……好"是一个固定格式，表示经过比较，对某种做法或对某事物加以选取或肯定。例如：

"还是……好" es una estructura fija e indica que, tras una comparación, se opta por un proceder o una opción. Por ejemplo:

1. 我还是坐飞机去好。

2. 我想还是买便宜一点儿的好。

3. 还是让老李去比较好，他办事很有经验。

二、一方面是为了挣点儿钱，另一方面也为了积累经验

"一方面……另一方面……"这一格式是由"一方面"连用组成的，表示做某事有两种原因或两种情况同时发生。例如：

"一方面……另一方面……" es una estructura formada por el uso sucesivo de "一方面" e indica la coexistencia de dos circunstancias o dos causas de una acción o estado. Por ejemplo:

1. 他回国工作，一方面是因为熟悉国内的情况，另一方面是要照顾父母。

2. 我一方面要考虑学习，另一方面又要考虑找工作。

3. 他最近比较忙，一方面要写书，另一方面要给研究生讲课。

三、由于我们是外文书店，因此我们需要一个英语比较好的

"由于……因此……"这一格式是由连词"由于"和连词"因此"组成的，表示因某种原因而产生的某种结果。例如：

"由于……因此……" es una estructura formada por la conjunción "由于" y la conjunción "因此" y expresa una causa y el resultado que trae. Por ejemplo:

1. 由于我刚学中文，因此还不能用中文会话。

2. 由于这几年修了很多路，因此交通很方便。

3. 由于他不熟悉那个地方，因此遇到了一些困难。

文化点 Cuestiones de la cultura china

大学校园里的社交

大学校园是一个小社会，在这个小社会里也需要社交。在外面的大社会，人们大多送一些有实用价值的东西作礼物，而校园内大多是送精神礼物。

第一是送书。这是校园内最普遍也最有历史传统的交际方式。学生们认为送书既高雅又实用，还有纪念意义。

第二是送鲜花。这是近年来在中国大中城市兴起的新的交际方式。校园里的年轻人乐于选择此种方式，显得既高雅又有情调。

第三是电话问候。这更直接，更及时。一声亲切的问候，通过电话传送给对方，这是书信所不及的。

第四是点歌点唱。大学生为朋友、为家人、为老师点播一首歌曲也是经常用的方式。

第五是开晚会。每到重

El trato social en las universidades

El campus de una universidad es una pequeña sociedad, en la que también existen unas normas de cortesía. En el exterior, en la sociedad grande, cuando se hacen regalos, éstos son, en la mayoría de los casos, objetos de valor práctico; mientras que, en el ámbito de las universidades, se obsequia más con regalos "intelectuales".

Lo primero es regalar libros. Ésta es la forma de trato más corriente y, a la vez, más antigua y tradicional en las universidades. Los estudiantes creen que un libro es un regalo culto, práctico y significativo.

Lo segundo es obsequiar con flores, nueva forma de trato que se ha divulgado desde hace algunos años en las ciudades grandes y medianas de China. Los jóvenes universitarios la prefieren, creyendo que es una manera refinada y sentimental.

Lo tercero es enviar un saludo telefónico, que es un modo de trato más directo y oportuno. Un saludo cariñoso transmitido por teléfono es inigualable por las cartas.

Lo cuarto es pedir a la radio la transmisión

要的日子，朋友们聚在一起开一个聚餐会或舞会，已成为校园内一种重要的交朋友的方式。

de una canción para alguien. El que un estudiante seleccione una canción y solicite que la radio la transmita en su programa para amigos, familiares o profesores es ya un medio muy usual.

Lo quinto es celebrar una velada. En ocasiones de fechas importantes, los amigos suelen juntarse para compartir una cena u organizar una fiesta. Ésta ya viene a ser una vía importante para hacer amistades en las universidades.

练 习 **Ejercicios**

一、根据录音写出下列词语的拼音/*Escribe en letras fonéticas las palabras que se escuchan en la grabación*

1. _____   5. _____

2. _____   6. _____

3. _____   7. _____

4. _____   8. _____

二、听录音，然后复述所听内容/*Escucha la grabación y, luego, cuenta verbalmente el contenido*

三、替换练习/*Ejercicio de sustitución*

1. <u>我</u>还是<u>去书店工作比较</u>好。

我觉得	骑自行车去
我们	买一套新房子
你	写封信
我们	和他谈谈比较
请客	吃中餐
你	在家休息

2. 由于<u>我们是外文书店</u>，因此<u>我们需要一个英语比较好的</u>。

身体不好	他一直没有工作
他汉语和英语都很好	很快找到了工作
马丁坚持锻炼	身体很好
维克多到过北京	可以给我们当导游
他对北京有很深的感情	十年后再次来到这里

四、看图说话/*Dialoga según lo siguientes dibujos*

应聘

Respuesta a una oferta de empleo

1.

A: 喂，您好！

B: 您好！

A: 我在报纸上看到你们的招聘广告，你们需要找一个家教是吗？

B: 对。您是想来应聘吗？

A: 是的。

B: 能介绍一下您的情况吗？

A: ……

B: ……

A: ……

B: ……

A: ……

B: ……

2.

A: 您好！我在网上看到了你们公司的招聘广告，我是来应聘的。

B: 您好！我们需要一个……

A: ……

B: ……

A: ……

B: ……

A: ……

B: ……

A: ……

B: ……

五、选择词语填空/*Selecciona palabras apropiadas para rellenar los espacios en blanco*

（再、到、由于、积累、怎么、耽误、其实、还是）

1. 我们_____早点儿去比较好。

2. _____我并不了解他，我们只是见过两次面。

3. 我不想_____你的时间。

4. 他刚开始学习汉语，_____能去当汉语家教呢？

5. 他在工作中_____了很多经验。

6. 小赵还没有找_____工作的机会。

7. 别的问题下一次_____谈吧。

8. _____他没有经验，因此这件事情没做好。

六、改正下列错句/*Corrige las faltas de las siguientes oraciones*

1. 我报上看到一个广告。

2. 他刚来这儿，不熟悉什么地方。

3. 无论在什么地方，他会找到朋友。

4. 因为身体健康，他每天坚持锻炼。

5. 他一次打电话催我们。

6. 我们工作做不完回家。

七、用指定词语改写句子/*Reescribe las siguientes oraciones utilizando las palabras que van entre paréntesis*

1. 因为忙，也因为没钱，所以我最近没去旅游。（一方面……另一方面……）

_____。

2. 我们要努力工作，也要注意锻炼身体。（一方面……另一方面……）

_____。

3. 因为工作的需要，同时自己也有兴趣，所以他开始学习日语。

（一方面……另一方面……）

_____。

4. 靠家教的耐心帮助，爱琳娜进步很快。（由于……因此……）

_____。

5. 他坚持每天练习，所以太极拳打得很好。（由于……因此……）

_____。

6. 他忘了给妻子买生日礼物，他妻子不太高兴。（由于……因此……）

_____。

八、把下列句子翻译成汉语/*Traduce al chino las siguientes oraciones*

1. No he encontrado hasta la fecha un trabajo adecuado.

2. Creo que un trabajo eventual no va a afectar los estudios.

3. No tiene paciencia para tales asuntos.

4. ¿Podrías darme una ayuda particular en el estudio del chino?

5. Quiero ir a esta compañía para expresarle mi disposición de aceptar su oferta de empleo.

6. ¿Podría usted venir el viernes a nuestra compañía para una entrevista?

课文 Texto

咱们好好儿聚聚

（王大伟在地铁站遇见了中学同学马志强）

马志强：王大伟！

王大伟：马志强！是你啊！好久不见了。

马志强：你怎么样？大学生活还好吧？

王大伟：马马虎虎。你呢，你现在在忙什么呢？

马志强：我现在跟朋友一起开了一家餐馆，兼厨师长。

王大伟：你没开玩笑吧，你不是一向都讨厌做饭吗？

马志强：以前我是讨厌做饭，可现在我喜欢上这一行了。

生 词

Palabras nuevas

地铁（名）dìtiě
  (s.) *metro*

同学（名）tóngxué
  (s.) *compañero de estudio*

开（动）kāi
  (v.) *abrir, establecer*

兼（动）jiān
  (v.) *simultanear el cargo de*

厨师长（名）chúshī-zhǎng
  (s.) *jefe de cocina*

一向（副）yíxiàng
  (adv.) *siempre*

讨厌（动）tǎoyàn
  (v.) *fastidiar a uno*

可（连）kě
  (conj.) *pero*

行（名）háng
  (s.) *oficio*

不好意思 bù hǎoyìsi
  sentir vergüenza, dar vergüenza a uno

既然（连）jìrán
  (conj.) *ya que, puesto que*

王大伟：一年多不见，你怎么会有那么大变化？

马志强：我中学毕业以后，整天呆在家里没事干，父母还得每天给我做饭，我自己都觉得不好意思。后来我一想，既然没考上大学，就去学厨师吧，以后还能给我父母露两手。

王大伟：我说呢！毕业以后，大家都跟你失去了联系，谁也不知道你去哪儿了。

马志强：我专门去广州学了一年厨师。

王大伟：什么时候回来的？

马志强：半年以前。先是给别人打工，后来正好有一位朋友想开饭馆，问我有没有兴趣，我就跟他合伙了。

王大伟：你真能干。告诉我，你新开的饭馆在什么地方？这个周末我要去饱饱口福。

马志强：好啊，欢迎光临！你还跟别的同学有联系吗？把他们都叫上，咱

考（动）kǎo
(v.) pasar el examen (de ingreso)

厨师（名）chúshī
(s.) cocinero

露两手 lòu liǎngshǒu
hacer ostentación de la habilidad de uno

失去（动）shīqù
(v.) perder

联系（名、动）liánxì
(s.,v.) relación; relacionarse

专门（副）zhuānmén
(adv.) especial

位（量）wèi
(clas. para personas)

饭馆（名）fànguǎn
(s.) restaurante

合伙（动）héhuǒ
(v.) asociarse

能干（形）nénggàn
(adj.) capaz

饱（动）bǎo
(v.) satisfacer (el apetito)

口福（名）kǒufú
(s.) regalo al paladar

欢迎（动）huānyíng
(v.) ser bienvenido

光临（动）guānglín
(v.) presentarse, presencia

们好好儿聚聚。

王大伟：行，我联系好了给你打电话。对
了，你的电话号码是多少？

马志强：我给你张名片。

王大伟：哟，当老板了就是不一样，连名
片都这么漂亮！

Zánmen hǎohāor jùju

Mǎ Zhìqiáng: Wáng Dàwěi!

Wáng Dàwěi: Mǎ Zhìqiáng! Shì nǐ a! Hǎojiǔ bú jiàn
le.

Mǎ Zhìqiáng: Nǐ zěnmeyàng? Dàxué shēnghuó hái
hǎo ba?

Wáng Dàwěi: Mǎmǎ-hūhū. Nǐ ne，nǐ xiànzài zài
máng shénme ne?

Mǎ Zhìqiáng: Wǒ xiànzài gēn péngyou yìqǐ kāile yì
jiā cānguǎn，jiān chúshīzhǎng.

Wáng Dàwěi: Nǐ méi kāi wánxiào ba，nǐ bú shì
yíxiàng dōu tǎoyàn zuòfàn ma?

Mǎ Zhìqiáng: Yǐqián wǒ shì tǎoyàn zuòfàn，kě
xiànzài wǒ xǐhuan shang zhè yì háng
le.

Wáng Dàwěi: Yì nián duō bú jiàn，nǐ zěnme huì yǒu
nàme dà biànhuà?

Mǎ Zhìqiáng: Wǒ zhōngxué bìyè yǐhòu，zhěngtiān
dāi zài jiā li méi shì gàn，fùmǔ hái děi

聚（动）jù
(v.) reunirse, festejar el
reencuentro

哟（叹）yōu
(interj.) ¡Hombre!
¡Vaya! ¡Cáspita!

老板（名）lǎobǎn
(s.) patrón, jefe

专 名

Nombres propios

马志强 Mǎ Zhìqiáng
Ma Zhiqiang

广州 Guǎngzhōu
Guangzhou

补充生词

Palabras suplementarias

互相（副）hùxiāng
(adv.) mutuamente

饼干（名）bǐnggān
(s.) galleta

纸（名）zhǐ
(s.) papel

měi tiān gěi wǒ zuòfàn, wǒ zìjǐ dōu juéde bù hǎoyìsi. Hòulái wǒ yì xiǎng, jìrán méi kǎoshang dàxué, jiù qù xué chúshī ba, yǐhòu hái néng gěi wǒ fùmǔ lòu liǎngshǒu.

Wáng Dàwěi: Wǒ shuō ne! Bìyè yǐhòu, dàjiā dōu gēn nǐ shīqùle liánxì, shéi yě bù zhīdào nǐ qù nǎr le.

Mǎ Zhìqiáng: Wǒ zhuānmén qù Guǎngzhōu xuéle yì nián chúshī.

Wáng Dàwěi: Shénme shíhou huílái de?

Mǎ Zhìqiáng: Bàn nián yǐqián. Xiānshì gěi biérén dǎgōng, hòulái zhènghǎo yǒu yí wèi péngyou xiǎng kāi fànguǎn, wèn wǒ yǒu méiyǒu xìngqù, wǒ jiù gēn tā héhuǒ le.

Wáng Dàwěi: Nǐ zhēn nénggàn. Gàosu wǒ, nǐ xīn kāi de fànguǎn zài shénme dìfang? Zhège zhōumò wǒ yào qù bǎobao kǒufú.

Mǎ Zhìqiáng: Hǎo a, huānyíng guānglín! Nǐ hái gēn biéde tóngxué yǒu liánxì ma? Bǎ tāmen dōu jiàoshang, zánmen hǎohāor jùju.

Wáng Dàwěi: Xíng, wǒ liánxì hǎo le gěi nǐ dǎ diànhuà. Duì le, nǐ de diànhuà hàomǎ shì duōshao?

Mǎ Zhìqiáng: Wǒ gěi nǐ zhāng míngpiàn.

Wáng Dàwěi: Yōu, dāng lǎobǎn le jiù shì bù yíyàng, lián míngpiàn dōu zhème piàoliang!

语言点 **Cuestiones de lengua china**

一、你不是一向都讨厌做饭吗

副词"一向"是表示从过去到现在的意思。在句中充当状语。例如：

El adverbio "一向" significa "desde el pasado hasta ahora". Se usa en la oración como modificador adverbial. Por ejemplo:

1. 我一向喜欢爬山。

2. 他们俩一向互相照顾互相帮助。

3. 他一向对人很热情。

二、可现在我喜欢上这一行了

"上"用在某些动词后边，补充说明动作的结果。有时表示动作开始并继续，如"喜欢上"；有时表示动作有了结果或达到了目的；有时表示动作由低处向高处等。例如：

Al colocarse detrás de algunos verbos, "上" les agrega el resultado de la acción. Unas veces indica que la acción empieza y prosigue, como "喜欢上"; otras veces indica que la acción ha surtido efecto o ha alcanzado su objetivo; hay también veces en que indica que la acción se realiza desde abajo hacia arriba. Por ejemplo:

1. 他爱上了那位上海姑娘。（表示动作开始并继续）(La acción del verbo empieza y se mantiene.)

2. 他考上了北京大学。（表示动作有了结果或达到了目的）(La acción del verbo ha surtido efecto o ha alcanzado su objetivo.)

3. 他走上楼去。（表示动作由低处向高处）(La acción del verbo se efectúa desde abajo hacia arriba.)

三、既然没考上大学，就去学厨师吧

"既然……就……"这一格式是由连词"既然"和副词"就"组成的，用在表示因果关系的复句中，先用"既然"在前一分句中引出某种事实作为前提或理由，后用"就"在第二分句中承接前面提到的前提或理由，推断出另一结论或结果来。例如：

La estructura "既然……就……" está formada por la conjunción "既然" y el adverbio "就". Se emplea en las oraciones compuestas de causa y efecto, con "既然" en la primera suboración, que alega un hecho como antecedente o causa, y "就" en la segunda suboración, que, siguiendo el antecedente o causa mencionado, deduce la conclusión o el resultado. Por ejemplo:

1. 这衣服你既然觉得贵，就别买了。

2. 既然接受了这项任务，你就好好完成它。

3. 既然是个好消息，你就快点儿告诉大家吧。

文化点 Cuestiones de la cultura china

春联

　　"春联"是中国人在春节的时候贴在门上的对联，它有上联、下联和横批三部分。上联贴在右边，下联贴在左边，上联和下联一般都在五个字以上；横批贴在门的上方，一般是四个字。念的时候，先念上联，再念下联，最后念横批。快到春节的时候，家家户户门上贴上春联，为节日增添了热闹喜庆的气氛。

　　在古代，春联叫"桃符"，用来辟邪，使鬼神不敢来打扰。后来，贴春联才成为一种风气，这时不再叫"桃符"了，而是叫"春联"。春节的时候，家家都要贴春联，有文化的人常常为别人写春联，于是春联就成为一种独特的文学形式，它讲究用字工整、对称，有诗意，寓意吉祥，如"一帆风顺年年好，万事如意步步

Pareado de Fiesta de Primavera

　　El "春联" (pareado de Fiesta de Primavera)" es un pareado que los chinos pegan a los dos lados de la puerta durante la Fiesta de Primavera, el cual, como adorno de la fiesta, no es simplemente un par de versos, sino que va acompañado de una frase horizontal. El primer verso se encola verticalmente en el marco derecho de la puerta y el segundo, en el izquierdo, cada verso contiene por lo menos cinco caracteres; la frase horizontal es de cuatro caracteres y se pone en el dintel. Se leen primero los dos versos y luego la frase horizontal. Desde vísperas de la Fiesta de Primavera, las puertas de todas las casas se adornan de pareados escritos en papel rojo, lo que crea una atmósfera de mucha animación y alegría.

　　En la antigüedad, los pareados se llamaban talismanes. Entonces los talismanes tomaban la figura de hombres y eran colocados a los dos lados de la puerta de la casa a fin de conjurar los males e impedir las molestias de duendes y demonios. Pasado el tiempo, pegar pareados de papel llegó a ser una práctica generalizada. El nombre de "桃符 (talismán)" empezó a ser

高"，横批"吉星高照"。贴春联代代相传，成了中华民族的一种风俗，一直流传到今天。

sustituido por el de "春联 (pareado)". En días de la Fiesta de Primavera, todas las familias necesitan estos pareados y los hombres de letras suelen escribirlos a solicitud de los amigos y vecinos, de modo que el dístico de Fiesta de Primavera ha llegado a ser un género literario peculiar. En él es muy exigente el uso de las palabras, que deben estar bien rimadas y simétricas con sabor poético y sentido festivo con buenos deseos de prosperidad para las gentes. El pareado de Fiesta de Primavera se ha transmitido de generación en generación hasta hoy día y es ya una costumbre de la nación china.

练 习 **Ejercicios**

一、听录音跟读下列句子/*Lee en voz alta las oraciones de abajo siguiendo la grabación*

1. Wǒ xiànzài gēn péngyou yìqǐ kāile yì jiā cānguǎn, jiān chúshīzhǎng.
2. Nǐ bú shì yíxiàng dōu tǎoyàn zuòfàn ma?
3. Yì nián duō bú jiàn, nǐ zěnme huì yǒu nàme dà biànhuà?
4. Hòulái wǒ yì xiǎng, jìrán méi kǎoshang dàxué, jiù qù xué chúshī ba.
5. Zhège zhōumò wǒ yào qù bǎobao kǒufú.

二、听录音，然后复述所听内容/Escucha la grabación y, luego, cuenta verbalmente el contenido

三、替换练习/Ejercicio de sustitución

1. 你不是一向<u>都讨厌做饭吗</u>?

他	喜欢游泳和滑冰。
王大伟	爱好体育运动。
我妹妹	不习惯早睡早起。
她对人	很热情。
他身体	很健康。
这里	多风多雨。

2. （我）既然<u>没考上大学</u>，就<u>去学厨师</u>吧。

她	来了	带她一起去吧
天气	不好	不去爬山了
这本书	是小张的	快点儿还给他
你	喜欢这件衣服	买了吧
你	决定不了	去听听别人的意见

四、朗读下列词组/Lee en voz alta los siguientes sintagmas

爱上一个人	喜欢上这个城市	过上幸福生活
考上大学	当上厨师	开上新车
写上名字	关上窗户	穿上衣服
带上照相机	联系上朋友	爬上山
睡上六小时	住上几年	听上三遍

五、看图说话/_Dialoga según el siguiente dibujo_

王大伟在地铁站遇见了中学同学马志强

Wang Dawei se encuentra en el metro con Ma Zhiqiang, compañero de estudio en la escuela secundaria

马志强：喂，王大伟！

王大伟：是你啊，马志强！

马志强：好久不见了。你怎么样？

王大伟：还可以。你呢，你好吗？

马志强：我现在跟朋友一起开餐馆，兼厨师长。

王大伟：……

马志强：……

王大伟：……

马志强：……

王大伟：……

马志强：……

王大伟：……

马志强：……

六、选择词语填空/_Selecciona palabras apropiadas para rellenar los espacios en blanco_

（跟、饱、连、呆、专门、马马虎虎、开、就）

1. 你今天既然身体不舒服，我们_____以后再去。

2. 我的身体一直_____，不是太好。

3. 我没跟你_____玩笑，这是真的。

4. 他们暑假在海边_____了两个星期。

5. 毕业以后，他_____谁都没联系。

6. 我是_____去青岛看叔叔的。

7. 他学习很紧张，_____周末都不休息。

8. 今天我们可以大_____口福了。

七、用指定词语回答问题/ *Responde a las siguientes preguntas utilizando las palabras dadas*

1. 他的身体怎么样？（一向）

    _____。

2. 你弟弟学习努力吗？（一向）

    _____。

3. 你有小张的电话号码吗？（联系）

    _____。

4. 你说的是真的吗？（开玩笑）

    _____。

5. 你为什么不去餐馆打工呢？（讨厌）

    _____。

6. 赵小英旁边的这个人是谁？（同学）

    _____。

八、把下列句子翻译成汉语/ *Traduce al chino las siguientes oraciones*

1. Fue en una estación de metro donde lo encontré.

2. Hace ya tiempo que no nos vemos.

3. Después de graduarnos en la universidad, perdí el contacto con él.

4. Él trabajó primero en una compañía y, luego, sirvió de maestro privado.

5. Quiero ir a Beijing con el solo objetivo de aprender el arte de guisar la comida china.

6. ¡Bienvenida!

课 文 Texto

请问能不能网上订票?

（王大伟和弟弟想看摇滚音乐会）

王小明：哥哥，昨天那张《北京晚报》
呢？家里我都找遍了，也没找
着。

王大伟：怎么会呢？中午我还看来着。
噢，可能在我的枕头下面。

王小明：还真是，找着了。

王大伟：你找报纸干吗？昨天晚上你不是
看过了吗？

王小明：我看到上面有一个摇滚音乐会的
广告，我想打电话问问现在还有
没有票。

生 词

Palabras nuevas

摇滚（名）yáogǔn
(s.) rock

音乐会（名）yīnyuèhuì
(s.) concierto

哥哥（名）gēge
(s.) hermano mayor

遍（形）biàn
(adj.) todo, por todas
partes

着（动）zháo
(v.) (puesto detrás de
otro v. le sirve de su-
plemento resultativo)

来着（助）láizhe
(part. aux.)

噢（叹）ō
(interj.) ¡oh!, ¡ea!

枕头（名）zhěntou
(s.) almohada

下面（名）xiàmian
(s.) debajo

报纸（名）bàozhǐ
(s.) periódico

干吗（代）gànmá
(pron.) para qué

上面（名）shàngmian
(s.) allí, encima

王大伟：摇滚音乐会？太好了，有没有崔健？

王小明：当然有了。

王大伟：崔健是我最喜欢的摇滚歌手之一，我还是很多年前去看过他的音乐会，后来再也没看过。

王小明：我还从来没看过他的演唱会呢。电话号码在这儿。

王大伟：赶快打电话。

……

王小明：北京体育馆吗？我想问一下，星期五晚上的摇滚音乐会还有票吗？

体育馆：有，不过座位好的都卖光了，只剩下一些60元的票了。

王小明：你们什么时间卖票？中午休息吗？

体育馆：上午10点到晚上8点卖票，中午不休息。

王小明：请问能不能网上订票？

体育馆：可以。你只要填上你的姓名、地址和电话号码，我们会送票上门。网址广告上有。

王小明：要收服务费吗？

歌手（名）gēshǒu
(s.) cantante

之一（名）zhīyī
(s.) uno de los

从来（副）cónglái
(adv.) nunca antes

演唱会（名）yǎnchànghuì
(s.) audición

赶快（副）gǎnkuài
(adv.) de prisa

卖（动）mài
(v.) vender

光（形）guāng
(adj.) completamente, del todo

剩（动）shèng
(v.) quedar

上午（名）shàngwǔ
(s.) la mañana

订（动）dìng
(v.) reservar

填（动）tián
(v.) rellenar

姓名（名）xìngmíng
(s.) apellido y nombre

地址（名）dìzhǐ
(s.) dirección

上门（动）shàngmén
(v.) enviar a domicilio

网址（名）wǎngzhǐ
(s.) sitio de la web

收（动）shōu
(v.) cobrar

服务费 fúwùfèi
servicio

体育馆：每次 5 块。

王小明：好，谢谢你！

体育馆：不**客气**！

Qǐngwèn néng bu néng wǎng shang dìng piào?

Wáng Xiǎomíng:	Gēge, zuótiān nà zhāng 《Běijīng Wǎnbào》 ne? Jiā li wǒ dōu zhǎobiàn le, yě méi zhǎozháo.
Wáng Dàwěi:	Zěnme huì ne? Zhōngwǔ wǒ hái kàn láizhe. Ō, kěnéng zài wǒ de zhěntou xiàmian.
Wáng Xiǎomíng:	Hái zhēn shì, zhǎozháo le.
Wáng Dàwěi:	Nǐ zhǎo bàozhǐ gànmá? Zuótiān wǎnshang nǐ bú shì kànguole ma?
Wáng Xiǎomíng:	Wǒ kàndào shàngmian yǒu yí gè yáogǔn yīnyuèhuì de guǎnggào, wǒ xiǎng dǎ diànhuà wènwen xiànzài hái yǒu méiyǒu piào.
Wáng Dàwěi:	Yáogǔn yīnyuèhuì? Tài hǎo le, yǒu méiyǒu Cuī Jiàn?
Wáng Xiǎomíng:	Dāngrán yǒu le.
Wáng Dàwěi:	Cuī Jiàn shì wǒ zuì xǐhuan de

客气（形）kèqi
(adj.) ser cumplido

专 名

Nombres propios

北京晚报 Běijīng Wǎnbào
El Vespertino de Beijing

崔健 Cuī Jiàn
Cui Jian

北京体育馆 Běijīng Tǐyù-guǎn
Gimnasio de Beijing

补充生词

Palabras suplementarias

世界（名）shìjiè
(s.) mundo

留（动）liú
(v.) dejar

定（动）dìng
(v.) determinar, fijar

yáogǔn gēshǒu zhīyī, wǒ háishi hěn duō nián qián qù kànguo
tā de yīnyuèhuì, hòulái zài yě méi kànguo.

Wáng Xiǎomíng: Wǒ hái cónglái méi kànguo tā de yǎnchànghuì ne. Diànhuà
                 hàomǎ zài zhèr.

Wáng Dàwěi: Gǎnkuài dǎ diànhuà.

                 . . .

Wáng Xiǎomíng: Běijīng Tǐyùguǎn ma? Wǒ xiǎng wèn yíxià, Xīngqīwǔ
                 wǎnshang de yáogǔn yīnyuèhuì hái yǒu piào ma?

Tǐyùguǎn: Yǒu, búguò zuòwèi hǎo de dōu màiguāng le, zhǐ shèngxia yìxiē
                 liùshí yuán de piào le.

Wáng Xiǎomíng: Nǐmen shénme shíjiān mài piào? Zhōngwǔ xiūxi ma?

Tǐyùguǎn: Shàngwǔ shí diǎn dào wǎnshang bā diǎn mài piào, zhōngwǔ
                 bù xiūxi.

Wáng Xiǎomíng: Qǐngwèn néng bu néng wǎng shang dìng piào?

Tǐyùguǎn: Kěyǐ. Nǐ zhǐyào tiánshang nǐ de xìngmíng、dìzhǐ hé diànhuà
                 hàomǎ, wǒmen huì sòng piào shàngmén. Wǎngzhǐ guǎnggào
                 shang yǒu.

Wáng Xiǎomíng: Yào shōu fúwùfèi ma?

Tǐyùguǎn: Měi cì wǔ kuài.

Wáng Xiǎomíng: Hǎo, xièxie nǐ!

Tǐyùguǎn: Bú kèqi!

语言点 Cuestiones de lengua china

一、家里我都找遍了

形容词"遍"用在某些动词后边，表示结果，补充说明动作涉及的范围很普遍。在句中充当补语。例如：

El adjetivo "遍", puesto detrás de algunos verbos, les sirve de suplemento resultativo, indicando que la acción del verbo alcanza a una esfera muy general. Por ejemplo:

    1. 他几乎走遍了世界各地。

    2. 我翻遍了家里的书，没找到我要找的那一本。

    3. 她跑遍了大商场，才买到这双鞋。

二、也没找着

    动词"着(zháo)"用在某些动词后边，表示结果，补充说明动作的目的已经达到或有了结果。在句中充当补语。例如：

El verbo "着(zháo)", puesto detrás de algunos verbos, les sirve de suplemento resultativo, indicando que la acción ya alcanza a su objetivo o ya tiene resultado. Por ejemplo:

    1. 那本书我已经买着了。

    2. 昨天晚上我没睡着。

    3. 那本词典我在图书馆借着了。

三、中午我还看来着

    助词"来着"用在句尾，表示曾经发生过什么事情。用于口语。例如：

La partícula auxiliar "来着" se pone al final de una oración y sirve para aseverar que lo que dice ésta última sucedió. Es coloquial. Por ejemplo:

    1. 你刚才说什么来着？

    2. 昨天我在学校看见他来着。

    3. 上个月我去上海来着。

四、崔健是我最喜欢的摇滚歌手之一

    "……之一"是表示人的集体或事物中的一个的意思。例如：

"……之一" significa "una de" un conjunto de personas o cosas. Por ejemplo:

    1. 西安是中国七大古都之一。

    2. 他是那个医院最有经验的大夫之一。

    3. 上海是世界有名的城市之一。

五、我还从来没看过他的演唱会呢

副词"从来"表示从过去到现在。在句中充当状语。例如：

El adverbio "从来" significa "desde el pasado hasta ahora". Sirve de modificador adverbial en las oraciones. Por ejemplo:

1. 这事我从来没听说过。
2. 我从来就不认识他。
3. 他从来没坐过飞机。

六、不过座位好的都卖光了

形容词"光"用在某些动词后面，表示结果，补充说明动作的结果是一点儿都不剩。在句中充当补语。例如：

El adjetivo "光" puesto detrás de algunos verbos les sirve de suplemento resultativo, indicando que el resultado de la acción del verbo es que no queda nada. Por ejemplo:

1. 他家的酒被我们喝光了。
2. 饼干昨天买回来就吃光了。
3. 纸都快用光了，再买一点儿吧。

七、只剩下一些60元的票了

动词"下"用在某些动词后面，表示结果，补充说明有空间、能容纳或表示动作的完成或结果。在句中充当补语。例如：

El verbo "下", empleado detrás de algunos verbos, les sirve de suplemento resultativo, indicando que hay espacio suficiente para que se realice la acción del verbo, o bien desempeña la función de hacerla efectiva. Por ejemplo:

1. 这间小屋能住下三个人。
2. 我朋友出国的时候，给他父母留下了一些钱。
3. 请你定下下次见面的时间。

中国人的年龄禁忌

在中国传统文化中有禁忌的习俗。如果你在中国住久了，你会了解到许多禁忌的内容。就年龄来说，中国人大多不爱说73岁、84岁和100岁这几个年龄。这是为什么呢？据说，这跟中国的圣人孔子和孟子有关系。孔子是73岁死的，孟子是84岁死的，人们认为这两位圣人都没办法逃避，一般人又怎么能逃避得了呢？而人们认为100岁是寿命的极限，也不吉利。如果到了这几个年龄，就只能用别的说法来回避，比如我今年73岁，就说"我去年72岁"或者说"我明年74岁"。此外，以前中国人认为问别人的年龄，特别是长辈问晚辈的年龄，是很自然的事。但随着时代的发展，越来越多的中国人觉得年龄是一个人的隐私，问别人特别是女性的年龄也被认为是不礼貌的了。

Los tabúes de los chinos relativos a la edad

En la cultura tradicional china hay tabúes. Si vives por un tiempo relativamente largo en China, te darás cuenta poco a poco de que muchas cosas son objetos de prohibición o restricción. Sobre la edad, por ejemplo, los chinos no solemos mencionar los 73, 84 o cien años. ¿Por qué? Según se dice, esto tiene que ver con Confucio y Mencio. Pues el primero murió a los 73 y el segundo a los 84. Entonces todo el mundo piensa que, si hasta los dos santos no pudieron pasar por estos trances, ¿cómo pueden hacerlo las gentes comunes y corrientes? En cuanto a la edad de cien, se cree que es el límite de la vida y, en consecuencia, aciaga. Si uno llega a estas edades, tratará por todos los medios de sortear su mención. Por ejemplo, en vez de decir los 73 que uno tiene, dirá: "El año pasado tenía 72" o "El año que viene tendré 74". Además, antes, los chinos pensaban que preguntar la edad de otras personas era algo normal. Pero con el paso del tiempo, cada vez más chinos creen que la edad es personal y privada, con lo que preguntar directamente la edad de otra persona, especialmente a mujeres, se considera de mala educación.

练 习 Ejercicios

一、听两遍录音后，给下列句子标上声调/Escucha dos veces la grabación y luego marca los tonos de las palabras de las siguientes oraciones

1. Jia li wo dou zhaobian le, ye mei zhaozhao.

2. Wo kandao shangmian you yi ge yaogun yinyuehui de guanggao.

3. Qingwen neng bu neng wang shang ding piao?

二、听录音，然后复述所听内容/Escucha la grabación y, luego, cuenta verbalmente el contenido

三、替换练习/Ejercicio de sustitución

1. <u>崔健</u>是<u>我最喜欢的摇滚歌手</u>之一。

北京	世界上最美的城市
长城	中国有名的建筑
西安	中国古迹最多的城市
颐和园	北京著名的公园
足球	马丁最喜欢的运动
他	我们班学习最好的学生

2. <u>我</u>还从来<u>没看过他的演唱会</u>呢。

他晚上	不看电视
我	没见过这个人
这里	都是这样
我妹妹	不喜欢热闹
爱琳娜对朋友	都很热情
他	没吃过烤鸭

四、朗读下列词组/Lee en voz alta los siguientes sintagmas

走遍	游遍	吃遍
读遍	找遍	转遍
用光	吃光	送光

订光	喝光	买光
买着	睡着	找着
剩下	住下	留下
坐下	流下	赚下

五、根据课文内容完成会话/*Conversa según el contenido del texto*

王小明：哥哥，昨天那张《北京晚报》呢？

王大伟：可能在我的枕头下面。

王小明：找着了。

王大伟：你找报纸干吗？

王小明：我看到上面有一个摇滚音乐会的广告，我想打电话问问现在还有
没有票。

王大伟：……

王小明：……

王大伟：……

王小明：……

王大伟：……

王小明：……

王大伟：……

王小明：……

**六、选择词语填空/*Selecciona palabras apropiadas para rellenar los espacios
en blanco***

（上、下、着、光、遍、来着、从来、之一）

1. 你说什么＿＿＿＿＿＿？

2. 我问＿＿＿＿＿＿了所有的朋友，大家谁都不知道。

3. 晚上的足球票都被买＿＿＿＿＿＿了。

4. 游泳是我喜欢的运动＿＿＿＿＿＿。

5. 我＿＿＿＿＿＿没听说过这件事。

6. 票卖完了，一张也没剩＿＿＿＿＿＿。

7. 网＿＿＿＿＿＿可以订票吗？

8. 你找＿＿＿＿＿＿他的地址了吗？

七、划线连接下列词语／*Enlaza con rayas las siguientes expresiones*

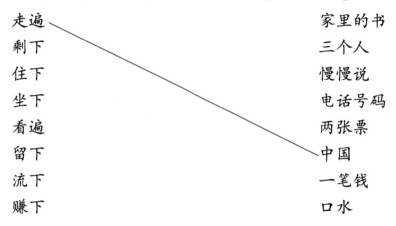

走遍　　　　　　　家里的书

剩下　　　　　　　三个人

住下　　　　　　　慢慢说

坐下　　　　　　　电话号码

看遍　　　　　　　两张票

留下　　　　　　　中国

流下　　　　　　　一笔钱

赚下　　　　　　　口水

八、把下列句子翻译成汉语／*Traduce al chino las siguientes oraciones*

1. El periódico lo he puesto debajo de la almohada.

2. El pasaje ya lo he adquirido.

3. Él es uno de mis mejores amigos.

4. Hasta ahora no hemos venido aquí.

5. Haz el favor de escribir tu nombre y dirección.

6. ¿Te gusta escuchar el rock?

课文 Texto

她怎么这么倒霉啊！

李芳： 赵小英今天怎么没来上课？

王玲： 你还不知道吗？昨天她开车的时候，头撞了一下。

李芳： 怎么一回事？

王玲： 她前不久不是拿到驾照了吗？昨天让她哥哥陪她去练车。刚上路，一看到路上有很多汽车，她一下子就紧张起来，结果在一个路口左转弯时被警察罚了款。

李芳： 为什么？

王玲： 那个路口不让左转弯。

李芳： 她怎么也不看看路边的交通标志？

生 词

Palabras nuevas

撞（动）zhuàng
　(v.) chocar, tropezar

回（量）huí
　(clas. para asuntos o acciones)

事（名）shì
　(s.) asunto

不久（形）bùjiǔ
　(adj.) hace poco

驾照（名）jiàzhào
　(s.) carnet de conducir

上路 shàng lù
　ponerse en marcha

路（名）lù
　(s.) camino

一下子（副）yíxiàzi
　(adv.) de repente, de súbito

结果（名）jiéguǒ
　(s.) (como) resultado

警察（名）jǐngchá
　(s.) policía

罚（动）fá
　(v.) multar

款（名）kuǎn
　(s.) suma de dinero

王玲：　她手忙脚乱的，哪来得及看哪？

李芳：　她怎么这么倒霉啊！

王玲：　倒霉的事还在后面呢！

李芳：　又怎么了？

王玲：　后来，她开车回家，在停车的时候，不小心撞到了别人的车上。

李芳：　车撞坏没有？

王玲：　不但撞坏了她哥哥的车，还把别人的车也撞坏了。

李芳：　这下麻烦了。

王玲：　最倒霉的是她的头撞到了方向盘上，当时就起了一个大包。

李芳：　她哥哥不也在车上吗？

王玲：　是啊，她哥哥也没想到会这样。

Tā zěnme zhème dǎoméi a!

Lǐ Fāng:　Zhào Xiǎoyīng jīntiān zěnme méi lái shàngkè?

Wáng Líng:　Nǐ hái bù zhīdào ma? Zuótiān tā kāi chē de shíhou, tóu zhuàngle yí xià.

Lǐ Fāng:　Zěnme yì huí shì?

Wáng Líng:　Tā qiánbùjiǔ bú shì nádào jiàzhào le ma? Zuótiān ràng tā gēge péi tā qù liàn chē. Gāng shàng lù, yí kàndào lù

路口 （名）lùkǒu
(s.) bocacalle, cruce

左 （名）zuǒ
(s.) izquierda

转弯 （动）zhuǎnwān
(v.) doblar una esquina

路边 （名）lùbiān
(s.) al lado de la calle

标志 （名）biāozhì
(s.) señal

手忙脚乱 shǒumáng-jiǎo-luàn
embarulladamente, atro-pelladamente

哪 （代）nǎ
(pron.) cómo

倒霉 （形）dǎoméi
(adj.) desventura, mala suerte

后面 （名）hòumian
(s.) más tarde

停 （动）tíng
(v.) aparcar, estacionar

小心 （形）xiǎoxīn
(adj.) cuidadoso

坏 （动）huài
(v.) malo, estropeado, averiado

麻烦 （形）máfan
(adj.) engorroso, fas-tidioso, ¡Vaya una lata!

方向盘 （名）fāngxiàngpán
(s.) volante

shang yǒu hěn duō qìchē, tā yíxiàzi jiù jǐnzhāng qǐlai, jiéguǒ zài yí gè lùkǒu zuǒzhuǎnwān shí bèi jǐngchá fále kuǎn.

Lǐ Fāng:	Wèishénme?
Wáng Líng:	Nàge lùkǒu bú ràng zuǒzhuǎnwān.
Lǐ Fāng:	Tā zěnme yě bú kànkan lùbiān de jiāotōng biāozhì?
Wáng Líng:	Tā shǒumáng-jiǎoluàn de, nǎ láidejí kàn na?
Lǐ Fāng:	Tā zěnme zhème dǎoméi a!
Wáng Líng:	Dǎoméi de shì hái zài hòumian ne!
Lǐ Fāng:	Yòu zěnme le?
Wáng Líng:	Hòulái, tā kāi chē huí jiā, zài tíng chē de shíhou, bù xiǎoxīn zhuàngdàole biérén de chē shang.
Lǐ Fāng:	Chē zhuànghuài méiyǒu?
Wáng Líng:	Búdàn zhuànghuàile tā gēge de chē, hái bǎ biérén de chē yě zhuànghuài le.
Lǐ Fāng:	Zhè xià máfan le.
Wáng Líng:	Zuì dǎoméi de shì tā de tóu zhuàngdàole fāngxiàngpán shang, dāngshí jiù qǐle yí gè dà bāo.
Lǐ Fāng:	Tā gēge bù yě zài chē shang ma?
Wáng Líng:	Shì a, tā gēge yě méi xiǎngdào huì zhèyàng.

当时（名）dāngshí

(s.) *inmediatamente, al instante*

起（动）qǐ

(v.) *levantarse, salir,*

包（名）bāo

(s.) *chichón*

补充生词

Palabras suplementarias

认（动）rèn

(v.) *reconocer*

考试（动）kǎoshì

(v.) *examen*

渐渐（副）jiànjiàn

(adv.) *poco a poco*

意见（名）yìjiàn

(s.) *opinión, observación*

语言点 Cuestiones de lengua china

一、她一下子就紧张起来

副词"一下子"表示时间短暂。在句中充当状语。例如：

El adverbio "一下子" indica prontitud o presteza en la acción. Se emplea en las oraciones como modificador adverbial. Por ejemplo:

1. 我一下子就认出来了。

2. 她考试时太紧张，一下子全忘了。

3. 那么多菜他一下子都吃光了。

二、她一下子就紧张起来

"起来"用在动词或形容词后边，表示动作或情况开始并且继续。在句中充当补语。例如：

"起来" se usa detrás de un verbo o un adjetivo e indica que la acción o la circunstancia empieza a producirse y continúa. Sirve de suplemento en la oración. Por ejemplo:

1. 他还没说完，我们都笑起来了。

2. 天气渐渐冷起来了。

3. 别等他了，我们先喝起酒来吧。

三、结果在一个路口左转弯时被警察罚了款

名词"结果"表示在一定阶段，事物发展所达到的最后状态。常用在后一分句的句首。例如：

El nombre "结果" indica el estado final al que alcanza un asunto en una fase determinada. Se usa frecuentemente al principio de la segunda suboración. Por ejemplo:

1. 他不会喝酒，结果没喝几口就醉了。

2. 他没有好好复习，结果没考上大学。

3. 她转弯时没有好好看路，结果撞到了别人的车上。

四、哪来得及看哪

"来得及"表示还有时间，能够赶上或顾及做某事。例如：

"来得及" quiere decir que hay tiempo para hacer algo. Por ejemplo:

1. 现在去还来得及，离开车时间还有一个多小时呢。

2. 你来得及去机场送他吗？

其否定形式是"来不及"，表示因时间短促，无法赶上或顾及做某事。例如：

Su forma negativa es "来不及", que significa que, debido a lo corto que es el tiempo, no se alcanza a hacer algo. Por ejemplo:

3. 这事我来不及告诉他了。

4. 现在去机场已经来不及了。

文化点 **Cuestiones de la cultura china**

松、竹、梅

Pino, bambú y ciruelo

松、竹、梅一直被人们称为"岁寒三友"，自古以来深受中国人民的喜爱。

松树是一种常青树。它不怕寒冷，有很强的生命力。它姿态优美，苍劲挺拔。中国人常把松树作为健康长寿的象征物。松树既可以供人观赏，美化环境，还具有很高的经济价值和药用价值。

竹是一种独特的植物，

El pino, el bambú y el ciruelo tienen en China un bello apelativo, que es: "Tres amigos en el invierno" y son muy apreciados por el pueblo chino desde tiempos antiguos.

El pino es una planta perenne. No teme el frío y posee una gran vitalidad. Su postura es hermosísima, sobre todo si se trata de los árboles viejos y erguidos. Los chinos solemos tomarlo como símbolo de la salud y la longevidad. El pino no es simplemente una planta ornamental y decorativa, sino que tiembién tiene un alto valor económico y farmacéutico.

它既不是草也不是树，既不刚也不柔。它四季常青，不怕寒冷。竹笋破土而出，茁壮成长，给人以欣欣向荣、积极向上的感觉。竹的种类很多，用途非常广泛，可以造船、盖房、做家具、做乐器和工艺品。竹笋可以食用，竹根、竹叶可以做药材。竹全身都是宝。

梅花是中国传统名花之一，种类很多，有红、白、绿等多种花色。在寒冷的冬季，梅花不畏严寒，一花独放，给大地带来生机。人们常把梅花作为高洁、坚毅、美好的象征。

由于松和竹四季常青，冬天也是绿的，而梅花又在冬季怒放，所以人们称它们为"岁寒三友"。从古到今，历来有很多文人墨客写诗作画，赞美它们。

El bambú es una planta poco común, porque no es ni hierba ni árbol, ni rígida ni cimbreante. Es perenne y resiste el frío. Cuando los brotes de bambú surgen del suelo y crecen vigorosamente, dan a la gente la sensación de pujanza y prosperidad. El bambú tiene muchas variedades y amplias utilidades. Sirve para fabricar barcos, construir casas y hacer muebles, instrumentos musicales y objetos artesanales. Sus brotes son comestibles, y sus raíces y hojas, útiles en la medicina china. En una palabra, el bambú es un tesoro desde la raíz hasta la copa.

La flor de ciruelo es tradicionalmente una de las flores predilectas de los chinos. Tiene diversas variedades y las hay de color rojo, blanco, verde, etc. En gélidos inviernos, el ciruelo, desdeñando el frío, florece solitariamente, lo que da mucha vida a la naturaleza. Se suele tomar como el símbolo de la nobleza, pureza, firmeza y esperanza.

Como el pino y el bambú se mantienen verdes todo el año, incluso en invierno, y el ciruelo da flores precisamente en esta última estación del año, la gente los califica de "tres amigos en el invierno". Desde la antigüedad hasta hoy día, muchos hombres de letras los han ensalzado en sus poesías y pinturas.

练 习 Ejercicios

一、听两遍录音后，给下列词语填上声母/*Escucha dos veces la grabación y luego, según ésta, completa las letras fonéticas de las siguientes palabras agregándoles la parte consonántica*

    1. jià _____ ào
    2. _____ ǐnzhāng
    3. jié_____uǒ
    4. lù_____ǒu
    5. zuǒ_____uǎn_____ān

    6. fá_____uǎn
    7. biāo_____ì
    8. shǒu_____áng-jiǎo_____uàn
    9. fāng_____iàng_____án
    10. _____áfan

二、听录音，然后复述所听内容/*Escucha la grabación y, luego, cuenta verbalmente el contenido*

三、替换练习／*Ejercicio de sustitución*

1. <u>她</u>一下子<u>就紧张起来</u>。

我	想不起来了
他	就喝完了
雨	下了起来
天	黑了下来
我	就认出她了
汉语不可能	就学会

2. <u>她一下子就紧张起来</u>，结果<u>在一个路口左转弯时被警察罚了款</u>。

他想了很久	错过了报名时间
我们谈了两次	他还是不同意
他坚持锻炼	身体越来越好
我们每天都去学	都学会了
我们订票订晚了	没有好的座位了
她太紧张了	跟别人的车撞了

四、朗读下列词组／*Lee en voz alta los siguientes sintagmas*

紧张起来	高兴起来	冷起来	热起来
笑起来	多起来	唱起歌来	说起话来
喝起酒来	滑起冰来	看起书来	跳起舞来
整理起东西来	打起太极拳来		

五、看图说话／*Cuenta lo ocurrido según los siguientes dibujos*

赵小英的倒霉事

Desventuras de Zhao Xiaoying

六、选择词语填空／*Selecciona palabras apropiadas para rellenar los espacios en blanco*

（麻烦、倒霉、一回事、当时、不但、不小心、前不久、怎么 ）

1. 听说他＿＿＿＿＿＿找到了工作。

2. 小张＿＿＿＿＿＿把护照丢了。

3. 你＿＿＿＿＿＿也不问问我呀？

4. 这事＿＿＿＿＿＿我不知道，连我爸爸也不知道。

5. 今天我怎么这么＿＿＿＿＿＿啊！

6. 我遇到了一件＿＿＿＿＿＿事。

7. ＿＿＿＿＿＿是怎么想的，我已经忘了。

8. 这是怎么＿＿＿＿＿＿？

七、用"来得及／来不及"完成句子／*Completa las siguientes oraciones utilizando "来得及" o "来不及" según convenga*

1. 时间还＿＿＿＿＿＿吗？

2. 快点儿吧，要＿＿＿＿＿＿了。

3. 我还没＿＿＿＿＿＿告诉他呢。

4. 现在去已经＿＿＿＿＿＿了。

5. 现在去还＿＿＿＿＿＿。

6. 我哪儿＿＿＿＿＿＿吃饭哪？

7. 这件事情我没＿＿＿＿＿＿问他。

8. 他＿＿＿＿＿＿说什么就走了。

八、把下列句子翻译成汉语／*Traduce al chino las siguientes oraciones*

1. En el examen él estuvo muy nervioso.

2. ¿Has visto las señales de tráfico a la orilla de la carretera?

3. No sospechaba que el asunto resultase así.

4. En esta encrucijada no se permite doblar hacia la izquierda.

5. ¡Cómo es que hace hoy tanto frío!

6. El más desventurado ha sido él, su coche salió averiado del choque.

课　文 Texto

说不定现在有人了

（赵小英和玛丽亚要找修理工修理水龙头）

赵小英：玛丽亚，你这儿是怎么回事？怎么一地的水啊？

玛丽亚：别提了。

赵小英：怎么了？水龙头坏了？

玛丽亚：可不是嘛。刚才回来以后，我洗了个脸，水龙头就关不上了，不停地漏水，而且越来越厉害。

赵小英：你给修理工打电话了吗？

玛丽亚：打了，但是却一直没人接。是不是下班了？

赵小英：应该有阀门吧？先把阀门关上。

生　词

Palabras nuevas

修理工（名）xiūlǐgōng
　（s.）*técnico de man-
　tenimiento*

水龙头（名）shuǐlóng-
　tóu
　（s.）*grifo*

地（名）dì
　（s.）*suelo*

洗（动）xǐ
　（v.）*lavarse*

脸（名）liǎn
　（s.）*cara*

关（动）guān
　（v.）*cerrar*

不停 bù tíng
　*sin cesar, continua-
　mente*

漏（动）lòu
　（v.）*salirse, escaparse*

而且（连）érqiě
　（conj.）*y además*

厉害（形）lìhai
　（adj.）*grave*

却（副）què
　（adv.）*pero, sin em-
　bargo*

接（动）jiē
　（v.）*contestar*

阀门（名）fámén
　（s.）*válvula*

玛丽亚： 在哪儿呢？找不着啊。

赵小英： 再找找看，水池下面呢？

玛丽亚： 找着了，在这儿，可是拧不动。

赵小英： 我试试看。还真拧不动。

玛丽亚： 这可怎么办呢？

赵小英： 我再打个电话，说不定现在有人了。

玛丽亚： 有人吗？

赵小英： 现在有人了。喂，我是5楼203号，我们卫生间的水龙头坏了，流了一地的水，你们能不能赶快派人来修一下。对，203号。好，谢谢！

玛丽亚： 怎么样？

赵小英： 他们马上派人来修。

Shuōbudìng xiànzài yǒu rén le

Zhào Xiǎoyīng:	Mǎlìyà, nǐ zhèr shì zěnme huí shì? Zěnme yí dì de shuǐ a?
Mǎlìyà:	Bié tí le.
Zhào Xiǎoyīng:	Zěnme le? Shuǐlóngtóu huài le?
Mǎlìyà:	Kě bú shì ma. Gāngcái huílái yǐhòu, wǒ xǐle gè liǎn, shuǐlóngtóu

水池（名）shuǐchí
(s.) fregadero, bañera
拧（动）nǐng
(v.) enroscar
动（动）dòng
(v.) mover
试（动）shì
(v.) probar
怎么办 zěnme bàn
qué hacer
说不定（副）shuōbudìng
(adv.) tal vez, quizás
卫生间（名）wèishēngjiān
(s.) lavabo, cuarto de aseo
流（动）liú
(v.) correr, fluir
派（动）pài
(v.) enviar, mandar
修（动）xiū
(v.) reparar
马上（副）mǎshàng
(adv.) ahora mismo,en seguida

补充生词
Palabras suplementarias

箱子（名）xiāngzi
(s.) maleta
危险（形）wēixiǎn
(adj.) peligroso
丰富（形）fēngfù
(adj.) rico

jiù guān bu shàng le, bù tíng de lòu shuǐ, érqiě yuèláiyuè lìhai.

Zhào Xiǎoyīng:	Nǐ gěi xiūlǐgōng dǎ diànhuà le ma?
Mǎlìyà:	Dǎ le, dànshì què yìzhí méi rén jiē. Shì bu shì xiàbān le?
Zhào Xiǎoyīng:	Yīnggāi yǒu fámén ba? Xiān bǎ fámén guānshang.
Mǎlìyà:	Zài nǎr ne? Zhǎo bu zháo a.
Zhào Xiǎoyīng:	Zài zhǎozhao kàn, shuǐchí xiàmian ne?
Mǎlìyà:	Zhǎozháo le, zài zhèr, kěshì nǐng bu dòng.
Zhào Xiǎoyīng:	Wǒ shìshi kàn. Hái zhēn nǐng bu dòng.
Mǎlìyà:	Zhè kě zěnme bàn ne?
Zhào Xiǎoyīng:	Wǒ zài dǎ gè diànhuà, shuōbudìng xiànzài yǒu rén le.
Mǎlìyà:	Yǒu rén ma?
Zhào Xiǎoyīng:	Xiànzài yǒu rén le. Wéi, wǒ shì wǔ lóu èr líng sān hào, wǒmen wèishēngjiān de shuǐlóngtóu huài le, liúle yí dì de shuǐ, nǐmen néng bu néng gǎnkuài pài rén lái xiū yíxià. Duì, èr líng sān hào. Hǎo, xièxie!
Mǎlìyà:	Zěnmeyàng?
Zhào Xiǎoyīng:	Tāmen mǎshàng pài rén lái xiū.

语言点　Cuestiones de lengua china

一、怎么一地的水啊

　　“地”是个名词，在这里充当借用量词，也叫临时量词，和数字“一”结合在一起，表示数量多，有描写修饰的作用。“一”有“满”或“整个”的意思。例如：

　　“地” (suelo) es un sustantivo y funciona aquí como clasificador, llamado también "clasificador provisional". Junto con el numeral "一" indica gran cantidad y desempeña la función de describir y modificar el sustantivo que les sigue. "一" significa, en este caso, "lleno" o "todo". Por ejemplo:

　　1. 他家来了一屋子的客人。

2. 我买了一箱子的书。

3. 屋子里放了一床的报纸。

二、别提了

副词"别"是不要的意思，常用来表示提示、禁止或劝阻等。例如：

El adverbio "别" es una de las partícula negativas del chino y se emplea en casos de disuadir, desaconsejar, impedir o prohibir. Por ejemplo:

1. 今天你别走了，住在这儿吧。

2. 别爬上去，那儿危险。

3. 这事你别再告诉别人了。

三、可不是嘛

"可不是"表示附和和赞同对方的话，多用于口语。也说"可不"，意思一样。例如：

"可不是" se usa en casos en que uno expresa su conformidad con lo que dice otra persona. Es coloquial. También puede decirse "可不" sin que cambie el sentido. Por ejemplo:

1. A：看情况他不会来了。

　　B：可不是，已经很晚了。

2. A：你大学刚毕业吧?

　　B：我可不是大学刚毕业，还没找到合适的工作呢。

3. A：要下雨了吧。

　　B：可不是嘛，已经有小雨点了。

四、但是却一直没人接

副词"却"用来表示转折。有时跟表示转折的连词"但是、可是"等连用。例如：

El adverbio "却" implica oposición y, a veces, se emplea junto con la conjunción adversativa "但是" y "可是". Por ejemplo:

1. 屋子里灯都开着，却见不到人。

2. 今天虽然是周末，但是去公园玩的人却不多。

3. 他很年轻，经验却很丰富。

五、找不着啊

"找不着"是没有找到的意思，是可能补语的否定形式，其肯定形式是"找得着"，是能找到的意思。本课的"关不上"、"拧不动"也是可能补语的否定形式，其肯定形式是"关得上"、"拧得动"。例如：

"找不着" significa "buscar mucho tiempo sin encontrar lo que se busca". Es la forma negativa de un suplemento de posibilidad y su forma afirmativa es "找得着", que quiere decir "poder encontrar si se busca". "关不上" y "拧不动" de esta lección también son formas negativas de suplementos de posibilidad y sus formas afirmativas son "关得上" y "拧得动". Por ejemplo:

1. 放在上面的东西我拿得着。
   放在上面的东西我拿不着。
2. 那么多生词我都记得住。
   那么多生词我都记不住。
3. 这点儿路我走得动。
   我有点儿走不动了。

六、说不定现在有人了

"说不定"是可能的意思，在句中充当状语。例如：

"说不定" indica posibilidad y se usa en las oraciones como modificador adverbial. Por ejemplo:

1. 说不定他会来找我。
2. 这几天说不定要下雨。
3. 我最近说不定要去上海。

文化点 **Cuestiones de la cultura china**

北京的胡同

"胡同"这个词从元朝就开始在北京使用了。语言

Los callejones de Beijing

El término "胡同 (*hutong*, callejón)" empezó a usarse en Beijing desde la dinastía

学家研究发现，汉语中"胡同"一词是吸收了蒙古语"水井"的发音而来的。古时候北京缺水，围绕着一口水井住着好多人家。人们在盖房时会留出道路，住的人越多，道路就越长，胡同就这样慢慢形成了。

胡同是北京特有的城市小巷，主要围绕在紫禁城周围。据统计，1944年北京有三千两百多条胡同。近七十年来，北京发生了巨大的变化，特别是近三十年来，北京的高楼大厦越盖越多，随之而来的是胡同越来越少。

胡同是北京历史文化的重要组成部分。那一条条胡同，一座座四合院，都能讲出一段段故事。最近几年，北京开办了胡同游，把老北京的历史展现给人们。北京还确定了一些胡同和四合院作为历史文化保护区保护起来。

Yuan. Los lingüistas han señalado en sus estudios que la palabra "胡同" del chino provino fonéticamente de la palabra mongola "水井 (pozo de agua)". Es que antiguamente Beijing carecía de agua y, en torno a un pozo, moraban muchas familias. Cuando construían sus casas, sabían dejar entre unas y otras un camino. Y éste se prolongaba con el aumento de pobladores, formándose así poco a poco callejones, llamados *hutong*.

Los *hutongs* son callejuelas urbanas tipicas de Beijing y se encuentran principalmente en los alrededores de la antigua Ciudad Prohibida. Según estadísticas, en 1944 había en Beijing más de 3.200 *hutongs*. En los últimos 70 años, Beijing ha experimentado enormes cambios y sobre todo en los últimos 30 años, durante los cuales se han construido cada vez más edificios altos y, en consecuencia, el número de *hutongs* disminuye día a día.

Los *hutongs* forman parte importante de la historia y cultura de Beijing. Cada *hutong* y cada vivienda nos podrían contar muchas historias. Desde hace algunos años, esta ciudad comienza a organizar recorridos turísticos de los *hutongs* para exponer a la gente la historia del viejo Beijing. Además la municipalidad ha selec-

cionado unos *hutongs* y viviendas tradicionales como zonas de protección cultural para conservarlos permanentemente.

练 习 Ejercicios

一、听两遍录音后，填上下列句子中的拼音/*Escucha dos veces la grabación y luego completa en letras fonéticas las siguientes oraciones*

1. _____ huílái yǐhòu, wǒ xǐle gè _____, shuǐlóngtóu jiù _____ le, bù tíng de _____, érqiě yuèláiyuè _____.
2. Yīnggāi yǒu _____ ba? Xiān bǎ fámén _____shang.
3. Nǐmen néng bu néng _____ pài rén lái _____ yíxià.

二、听录音，然后复述所听内容/*Escucha la grabación y, luego, cuenta verbalmente el contenido*

三、替换练习/*Ejercicio de sustitución*

1. 玛丽亚打了电话，却一直没人接。

现在已经是冬天了，天气	不太冷
这课课文比较长，但是生词	不多
那个公园离他家不远，可他	很少去玩
他很想去中国旅游，但	一直没有机会
我学过三年日语，	看不懂日文报纸
他的房间不大，	收拾得很好

2. <u>我再打个电话，</u>说不定<u>现在有人了</u>。

他	已经知道这件事情了
他们俩	都不来了
你的意见	他会同意的
天气这么冷，	会下雪的
太晚了，	他已经睡觉了

四、朗读下列词组/*Lee en voz alta los siguientes sintagmas*

一地的水	一脸的汗	一桌子的书
一办公室的人	一保险柜的东西	一房间的花
一锅的肉	一口袋的钱	一箱子的酒
别走	别说	别去
别来	别买	别打电话
别笑	别喝	别当家教

五、看图说话/*Dialoga según el siguiente dibujo*

给修理工打电话

Telefonear al técnico de mantenimiento

住户： 喂，你好！

修理工：你好！

住户： 我们家的水龙头坏了，你们能不能来修一下？

修理工：你们家的水龙头怎么坏了？

住户： ……

修理工：……

住户： ……

修理工：……

住户： ……

修理工：

六、选择词语填空/ *Selecciona palabras apropiadas para rellenar los espacios en blanco*

（走不动、做得完、拧不动、找不着、拿得着、修不好、关不上、可不是）

1. 最上边的东西你_____吗？

2. 他的电话号码我_____了。

3. _____，雨下得真大。

4. 我太累了，_____了。

5. 这么多事情你_____吗？

6. 这个水龙头_____了。

7. 水龙头的阀门我们_____。

8. 门坏了，_____了。

七、用指定的词语完成句子/ *Completa las siguientes oraciones con las palabras dadas*

1. 他学法语很长时间了，_____。(可是)

2. 我给他打了好几次电话，_____。(可是)

3. 现在已经是冬天了，但是天气_____。(却)

4. 风刮得_____。(越来越)

5. 他到现在还没有来，_____。(说不定)

6. 你再打个电话试试，_____。(说不定)

7. _____，我们就一起去吧。(既然)

8. 她太紧张了，_____。(结果)

八、把下列句子翻译成汉语/ *Traduce al chino las siguientes oraciones*

1. Habla con él otra vez, a lo mejor accederá.

2. ¿No deberíamos hacerle una visita?

3. ¿Por qué no respondiste a mi llamada?

4. El viento no cesa de soplar.

5. He hecho unas llamadas, pero no hubo quien contestase.

6. Ya han mandado a personas aquí para recibirnos.

课 文 **Texto**

那到底怎么办好？

（周末何塞不愿意和明子去游览名胜古迹）

何塞：这几天我工作太多了，这个周末要好好休息休息。

明子：出去玩玩怎么样？游览一下北京的名胜古迹。

何塞：北京的名胜古迹我们都游遍了，没有哪儿没去过了。

明子：是吗？全都去过了？

何塞：是啊。市区没什么地方可玩的了。

明子：郊区呢？郊区也有很多名胜古迹啊。去十三陵好不好？那一带的风景很不错。

生 词

Palabras nuevas

游览（动）yóulǎn
（v.）visitar

游（动）yóu
（v.）visitar, recorrer

全（副）quán
（adv.）completamente

市区（名）shìqū
（s.）casco urbano,
barrio urbano

郊区（名）jiāoqū
（s.）suburbios, afueras

一带（名）yídài
（s.）zona

风景（名）fēngjǐng
（s.）paisaje

上次 shàngcì
la vez anterior

介绍（动）jièshào
（v.）recomendar

手（名）shǒu
（s.）mano

驴（名）lú
（s.）burro, asno, juramento

皇帝（名）huángdì
（s.）emperador

陵墓（名）língmù
（s.）mausoleo

旅游车（名）lǚyóuchē
（s.）autocar turístico

何塞：我们都去过三次了，不想去了。

明子：让我再想想。对了，我们去东陵吧，我们不是说过要去吗？

何塞：上次好像谁给我介绍过东陵，说那儿不错，但我有点儿忘了。

明子：《中国旅游》是怎么说的？

何塞：书放哪儿了？刚才我还看呢。

明子：不是在你手里吗？你手里拿着还到处找，真是"骑驴找驴"了。

何塞：十三陵是明朝皇帝的陵墓，东陵是清朝皇帝的陵墓。东陵在河北省，离北京125公里。

明子：那我们就去东陵吧。

何塞：这么远，我们怎么去？

明子：我们或者开车去，或者坐旅游车去。

何塞：开车去太累，坐旅游车去起得太早，7点钟就发车。

明子：那到底怎么办好？

何塞：最好是哪儿也不去。

明子：原来你只想睡懒觉啊！你也太懒了！

起（动）qǐ
(v.) levantarse

点（名）diǎn
(s.) hora

钟（名）zhōng
(s.) en punto

发车（动）fāchē
(v.) partir, salir, ponerse en camino

到底（副）dàodǐ
(adv.) al fin y al cabo, en definitiva

最好（副）zuìhǎo
(adv.) lo mejor

原来（副）yuánlái
(adv.) ¡Conque...!

睡懒觉 shuì lǎnjiào
levantarse tarde, dormir mucho

懒（形）lǎn
(adj.) perezoso, holgazán, gandul

专 名

Nombres propios

十三陵 Shísān Líng
las Trece Tumbas Imperiales

东陵 Dōng Líng
Mausoleo Imperial de Dongling

Nà dàodǐ zěnme bàn hǎo?

Hésài: Zhè jǐ tiān wǒ gōngzuò tài duō le, zhège zhōumò yào hǎohǎo xiūxi xiūxi.

Míngzǐ: Chūqù wánwan zěnmeyàng? Yóulǎn yíxià Běijīng de míngshèng gǔjì.

Hésài: Běijīng de míngshèng gǔjì wǒmen dōu yóubiàn le, méiyǒu nǎr méi qùguo le.

Míngzǐ: Shì ma? Quán dōu qùguo le?

Hésài: Shì a. Shìqū méi shénme dìfang kě wán de le.

Míngzǐ: Jiāoqū ne? Jiāoqū yě yǒu hěn duō míngshèng gǔjì a. Qù Shísān Líng hǎo bu hǎo? Nà yídài de fēngjǐng hěn búcuò.

Hésài: Wǒmen dōu qùguo sān cì le, bù xiǎng qù le.

Míngzǐ: Ràng wǒ zài xiǎngxiang. Duì le, wǒmen qù Dōng Líng ba, wǒmen bú shì shuōguo yào qù ma?

Hésài: Shàngcì hǎoxiàng shéi gěi wǒ jièshào-guo Dōng Líng, shuō nàr búcuò, dàn wǒ yǒudiǎnr wàng le.

Míngzǐ: «Zhōngguó Lǚyóu» shì zěnme shuō de?

Hésài: Shū fàng nǎr le? Gāngcái wǒ hái kàn ne.

Míngzǐ: Bú shì zài nǐ shǒu li ma? Nǐ shǒu li názhe hái dàochù zhǎo, zhēn shì "qílǘ-zhǎolǘ" le.

Hésài: Shísān Líng shì Míngcháo huángdì de

明朝 Míngcháo
Dinastía Ming

清朝 Qīngcháo
Dinastía Qing

河北省 Héběi Shěng
provinvia de Hebei

Palabras suplementarias

回（电话）（动）huí
(v.) *contestar (una lla-mada telefónica)*

外语（名）wàiyǔ
(s.) *lengua extranjera*

完成（动）wánchéng
(v.) *cumplir*

任务（名）rènwù
(s.) *tarea*

língmù, Dōng Líng shì Qīngcháo huángdì de língmù. Dōng Líng zài

Héběi Shěng, lí Běijīng yìbǎi èrshíwǔ gōnglǐ.

Míngzǐ: Nà wǒmen jiù qù Dōng Líng ba.

Hésài: Zhème yuǎn, wǒmen zěnme qù?

Míngzǐ: Wǒmen huòzhě kāi chē qù, huòzhě zuò lǚyóuchē qù.

Hésài: Kāi chē qù tài lèi, zuò lǚyóuchē qù qǐ de tài zǎo, qī diǎn zhōng jiù fā chē.

Míngzǐ: Nà dàodǐ zěnme bàn hǎo?

Hésài: Zuìhǎo shì nǎr yě bú qù.

Míngzǐ: Yuánlái nǐ zhǐ xiǎng shuì lǎnjiào a! Nǐ yě tài lǎn le!

语言点   Cuestiones de lengua china

一、我们都去过三次了

　　副词"都"除了表示总括以外，还可以表示已经。在句中充当状语。

例如：

　　Además de expresar totalidad, el adverbio "都" significa "ya". Es modificador adverbial en las oraciones. Por ejemplo:

　　1. 他都来过三次电话了，你快给他回个电话。

　　2. 我们都认识好几年了。

　　3. 你怎么不早点儿告诉我，现在都晚了。

二、我们或者开车去，或者坐旅游车去

　　连词"或者"用在陈述句中，表示选择关系。例如：

　　La conjunción "或者" indica la coordinación disyuntiva en las oraciones enunciativas. Por ejemplo:

　　1. 或者买红的，或者买白的，我都喜欢。

　　2. 这本书你先看或者我先看，都可以。

　　3. 这事或者让我去办，或者让我弟弟去办，明天一定给你办好。

三、那到底怎么办好

副词"到底"用在问句里，表示深究。在句中充当状语。例如：

En las oraciones interrogativas, el adverbio "到底" las refuerza inquiriendo en serio lo que se quiere saber. Es modificador adverbial. Por ejemplo:

1. 你到底想不想去？
2. 这菜到底怎么做？
3. 今天到底有几个人去喝啤酒？

四、原来你只想睡懒觉啊

副词"原来"表示发现了真实情况。在句中充当状语。例如：

El adverbio "原来" indica que al fin se conoce la realidad del asunto. Sirve de modificador adverbial en las oraciones. Por ejemplo:

1. 原来是他在打网球。
2. 她原来是你妹妹。
3. 原来他不喜欢吃辣的。

文化点 Cuestiones de la cultura china

针灸

针灸是中国医学的宝贵遗产。针灸疗法在中国已有几千年的历史了。它方法简便，疗效显著，可以治疗多种疾病，很受人们的欢迎。

针灸疗法包括针刺和艾灸两种医疗方法。针刺疗法是用一根很细很细的针，扎在人体的某些穴位上。通过

Acupuntura y moxibustión

La acupuntura y moxibustión son una valiosa herencia de la medicina china. Las terapias acupuntural y moxibustional tienen ya en China una historia de miles de años. Sus métodos son sencillos, pero sus efectos son muy notables y pueden tratar muchas enfermedades, por lo que son bien acogidas por las gentes.

Se trata de dos terapias: la acupuntura y la moxibustión. La primera consiste en punzar

针对穴位的刺激，再配合不同的手法来治疗疾病。针刺疗法可以用来止痛，针刺还可以用作麻醉技术，这是一种独特的麻醉技术，现在已经用在多种外科手术中。而艾灸是一种使用燃烧后的艾条熏灼人体穴位的中医疗法。它通过灸火的温和热力和灸条中药物的共同作用，达到治疗疾病、保健养生的功效。

中国的针灸疗法很早就流传到国外，现在已有一百多个国家用针灸来治病，针灸早已成为世界医学的一部分。针灸这一古老的中医疗法为世界医学作出了贡献。

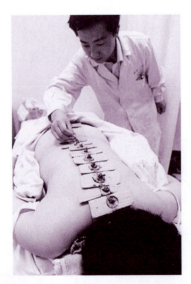

con agujas de plata muy muy finas el cuerpo humano en determinados puntos. Las punzadas de las agujas sirven para tratar enfermedades. La acupuntura también puede emplearse para calmar dolores y es un buen medio anestésico. Esta anestesia peculiar se adopta ahora en muchas operaciones quirúrgicas. La moxibustión es un tipo de terapia de medicina tradicional china que utiliza la moxa ardiente en unos puntos específicos del cuerpo. Este proceso se vale del uso conjunto del fuego suave, del calor y de fármacos de medicina tradicional china, para lograr el tratamiento de enfermedades y garantizando su eficacia y el cuidado de la salud.

Hace ya mucho que la acupuntura y la moxibustión de China se divulgan en el extranjero. Actualmente son utilizadas como tratamientos curativos en más de 100 países y ya desde hace tiempo forman parte de la medicina mundial. Estas dos terapias antiguas representan una importante aportación de la medicina china a la medicina universal.

练习 **Ejercicios**

一、听录音跟读下列句子/*Lee en voz alta las oraciones de abajo siguiendo la grabación*

1. Qù Shísān Líng hǎo bu hǎo? Nà yídài de fēngjǐng hěn búcuò.
2. Shàngcì hǎoxiàng shéi gěi wǒ jièshàoguo Dōng Líng, shuō nàr búcuò, dàn wǒ yǒudiǎnr wàng le.
3. Dōng Líng shì Qīngcháo huángdì de língmù. Dōng Líng zài Héběi Shěng, lí Běijīng yìbǎi èrshíwǔ gōnglǐ.
4. Yuánlái nǐ zhǐ xiǎng shuì lǎnjiào a! Nǐ yě tài lǎn le!

二、听录音，然后复述所听内容/*Escucha la grabación y, luego, cuenta verbalmente el contenido*

三、替换练习/*Ejercicio de sustitución*

1. <u>我们</u>或者<u>开车去</u>，或者<u>坐旅游车去</u>。

我们	去听音乐	去看京剧
周末我们	去郊区旅游	在家休息
晚上我	看电视	写作业
我们	去上海	去北京
这件事你	问王玲	问赵小英
你怎么决定都可以，	当教练	当厨师

2. <u>那</u>到底<u>怎么办</u>好?

他	是谁
你	想做什么工作
你	听懂了没有
小张	哪天出差
王大伟	会不会踢足球
他的护照	找着了没有

四、朗读下列句子/Lee en voz alta las siguientes oraciones

1. 十三陵我们都去过三次了。

2. 我都认识小张好几年了。

3. 现在都11点半了。

4. 他都60岁了，都快退休了。

5. 饭都做好了，你怎么还不起床？

6. 我姐姐都工作十几年了。

五、看图说话/Exprésate en chino según las siguientes fotos

你能说说北京有哪些名胜古迹吗？你能介绍一下吗？

¿Podrías decirnos qué lugares pintorescos y de valor histórico tiene Beijing?¿Podrías hablar un poco sobre ellos?

六、选择词语填空/Selecciona palabras apropiadas para rellenar los espacios en blanco

（到底、名胜古迹、骑驴找驴、原来、都、风景、一带、游览）

1. 这个地方有什么_____？

2. 那里的_____到底怎么样？

3. 护照不是在你手里拿着吗？你真是_____。

4. 长城我们_____去过好多次了。

5. 我们想一起去＿＿＿＿＿＿＿＿颐和园。

6. 你＿＿＿＿＿＿＿＿喜欢不喜欢这姑娘？

7. 我想他还在睡觉，＿＿＿＿＿＿＿＿已经起床了。

8. 这＿＿＿＿＿＿＿＿的风景很美，来旅游的人很多。

七、用"原来"完成句子/*Completa las siguientes oraciones utilizando* "原来"

1. 我以为你还在睡觉，原来＿＿＿＿＿＿＿＿＿＿＿＿＿＿＿＿。

2. 王大伟和弟弟都不在家，原来＿＿＿＿＿＿＿＿＿＿＿＿＿＿。

3. 她看起来只有20岁，原来＿＿＿＿＿＿＿＿＿＿＿＿＿＿＿。

4. 马丁今天这么高兴，原来＿＿＿＿＿＿＿＿＿＿＿＿＿＿＿。

5. 何塞周末不想去旅游，原来＿＿＿＿＿＿＿＿＿＿＿＿＿＿。

6. 房间里非常安静，原来＿＿＿＿＿＿＿＿＿＿＿＿＿＿＿＿。

八、把下列句子翻译成汉语/*Traduce al chino las siguientes oraciones*

1. Estos días quiero dedicarlos exclusivamente a descansar.

2. Hemos recorrido todos los lugares famosos por su paisaje o su valor histórico en esta zona.

3. A Si'an ya hemos ido dos veces.

4. ¿No es que has dicho que quieres ir con él?

5. O bien vienes tú, o bien voy yo, me da igual.

6. Mejor sería que nos acompañaras a ir a hacer compras.

课 文 Texto

你说的也对

（何塞和明子想换一套房子）

明子： 这两套房子我们都看过了，你觉得哪套比较好？

何塞： 各有各的好处，也各有各的问题。

明子： 我也这样觉得，拿市区的这套来说吧，房子小了点儿。

何塞： 市区的房子好处是交通方便。

明子： 交通方便是方便，但是周围绿化不好，小区里楼房太多，人也太多。

何塞： 你说的也对。

明子： 比较起来，另一套可能好一点儿，虽然离市区远了点儿，但面积大，环境也不错。

生 词

Palabras nuevas

换（动）huàn
　(v.) cambiar, mudar

好处（名）hǎochu
　(s.) ventaja

拿……来说 ná…lái shuō
　con respecto a

周围（名）zhōuwéi
　(s.) los alrededores

绿化（动）lǜhuà
　(v.) arborizar, ajardi-
　nar

楼房（名）lóufáng
　(s.) edificio

另（代）lìng
　(pron.) otro

面积（名）miànjī
　(s.) superficie

租金（名）zūjīn
　(s.) alquiler

那里（代）nàli
　(pron.) allí, allá

靠近（动）kàojìn
　(v.) aproximarse

森林（名）sēnlín
　(s.) bosque, selva

花（名）huā
　(s.) flor

何塞： 那套房子好是好，可是每个月租金要六千块，太贵了。

明子： 但那里靠近森林公园，有树有花有草，空气好。即使租金贵一些，也是可以接受的。

何塞： 可那儿离市区太远，上班不方便，开车至少要一个小时，碰上堵车时间更长。

明子： 反正有高速路，不会堵车的。

何塞： 离市区太远，干什么都有问题，买东西也不方便。

明子： 不见得吧。那儿超市、电影院、餐厅、酒吧什么都有。

何塞： 我还是不太喜欢那儿。

明子： 那你到底想找一套什么样的房子？

何塞： 最好是又大又不贵，环境又好的。

明子： 你说的没错。可是去哪儿找呢？

Nǐ shuō de yě duì

Míngzǐ: Zhè liǎng tào fángzi wǒmen dōu kànguo le, nǐ juéde nǎ tào bǐjiào hǎo?

Hésài: Gè yǒu gè de hǎochu, yě gè yǒu gè de wèntí.

草（名）cǎo
(s.) hierba

空气（名）kōngqì
(s.) aire

即使……也……
jíshǐ…yě…
aunque

接受（动）jiēshòu
(v.) aceptar

上班（动）shàngbān
(v.) ir al trabajo

至少（副）zhìshǎo
(adv.) por lo menos, al menos

碰（动）pèng
(v.) encontrar, tropezar con

堵车（动）dǔchē
(v.) atasco de coches

反正（副）fǎnzhèng
(adv.) de todas formas, en todo caso

高速路 gāosùlù
autopista

不见得（副）bújiàndé
(adv.) puede que no, no necesariamente

超市（名）chāoshì
(s.) supermercado

电影院（名）diànyǐng-yuàn

Míngzǐ: Wǒ yě zhèyàng juéde, ná shìqū de zhè tào lái shuō ba, fángzi xiǎole diǎnr.

Hésài: Shìqū de fángzi hǎochu shì jiāotōng fāngbiàn.

Míngzǐ: Jiāotōng fāngbiàn shì fāngbiàn, dànshì zhōuwéi lùhuà bù hǎo, xiǎoqū li lóufáng tài duō, rén yě tài duō.

Hésài: Nǐ shuō de yě duì.

Míngzǐ: Bǐjiào qǐlai, lìng yí tào kěnéng hǎo yìdiǎnr, suīrán lí shìqū yuǎnle diǎnr, dàn miànjī dà, huánjìng yě búcuò.

Hésài: Nà tào fángzi hǎo shì hǎo, kěshì měi gè yuè zūjīn yào liùqiān kuài, tài guì le.

Míngzǐ: Dàn nàli kàojìn sēnlín gōngyuán, yǒu shù yǒu huā yǒu cǎo, kōngqì hǎo. Jíshǐ zūjīn guì yìxiē, yě shì kěyǐ jiēshòu de.

Hésài: Kě nàr lí shìqū tài yuǎn, shàngbān bù fāngbiàn, kāi chē zhìshǎo yào yí gè xiǎoshí, pèngshang dǔchē shíjiān gèng cháng.

Míngzǐ: Fǎnzhèng yǒu gāosùlù, bú huì dǔchē de.

Hésài: Lí shìqū tài yuǎn, gàn shénme dōu yǒu wèntí, mǎi dōngxi yě bù fāngbiàn.

Míngzǐ: Bújiàndé ba. Nàr chāoshì、diànyǐngyuàn、cāntīng、jiǔbā shénme dōu yǒu.

Hésài: Wǒ háishi bú tài xǐhuan nàr.

Míngzǐ: Nà nǐ dàodǐ xiǎng zhǎo yí tào shénmeyàng de fángzi?

(s.) cine

酒吧（名）jiǔbā
(s.) bar

错（形）cuò
(adj.) equivocado

补充生词
Palabras suplementarias

自行车（名）zìxíngchē
(s.) bicicleta

增加（动）zēngjiā
(v.) aumentar, incrementar

认真（形）rènzhēn
(adj.) concienzudo, en serio

对待（动）duìdài
(v.) tratar, abordar

答应（动）dāying
(v.) acceder, asentir

Hésài: Zuìhǎo shì yòu dà yòu bú guì, huánjìng yòu hǎo de.

Míngzǐ: Nǐ shuō de méicuò. Kěshì qù nǎr zhǎo ne?

语言点 Cuestiones de lengua china

一、拿市区的这套来说吧

"拿……来说"这一格式表示从某一范围或某一方面进行论述或说明。例如：

La estructura de "拿……来说" indica la esfera o el aspecto sobre el que se comenta o valora. Por ejemplo:

1. 拿学外语来说，我不如她学得好。
2. 拿自行车来说，最近又增加了很多。
3. 拿做菜来说，他做得最好。

二、交通方便是方便，但是周围绿化不好

"方便是方便，但是……"是个表示转折关系的复句，先在前一分句姑且承认某种事实，后一分句紧接着转向相反的意思。其形式是"A是A，但是……"，A可以由动词或形容词充当。例如：

"方便是方便，但是……" es una oración compuesta de nexo adversativo. En este tipo de oraciones se admite ante todo cierto hecho con la primera suboración y, luego, con la segunda se le opone una idea contraria. Su forma es como sigue: "A是A，但是……", en que "A" puede ser un verbo o un adjetivo. Por ejemplo:

1. 这双鞋好是好，但是太贵了。
2. 酒喝是可以喝，但是不能喝得太多。
3. 爬山有意思是有意思，但是太累。

三、即使租金贵一些，也是可以接受的

"即使……也……"这一格式是由连词"即使"和副词"也"组成的，表示在第一分句暂且先承认某一假设的事实，再在第二分句得出另一结果或结

论。例如：

La estructura de "即使……也……" está formada por la conjunción "即使" y el adverbio "也" y sirve para constituir oraciones concesivas. En éstas, con la primera suboración se da de momento por aceptada cierta hipótesis y, luego, con la segunda se expresa el resultado que, a pesar de ella, se producirá. Por ejemplo:

1. 即使工作很忙，他也每天坚持锻炼。
2. 即使有困难，他也要完成任务。
3. 即使是很容易做的事，他也要认真对待。

四、反正有高速路

副词"反正"表示情况虽然不同，但是结果并没有区别。也可表示坚决肯定的语气。在句中充当状语。例如：

El adverbio "反正" indica que, aun variando las circunstancias, el desenlace será el mismo. También sirve para reforzar una aseveración. Por ejemplo:

1. 不管下不下雨，反正他今天一定要去。
2. 反正他不想去郊区玩。
3. 反正说不说都一样，他不会答应的。

五、不见得吧

"不见得"是不一定的意思。多用作状语。用于口语。例如：

"不见得" quiere decir "puede que no". Sirve muchas veces de modificador adverbial y es coloquial. Por ejemplo:

1. 他不见得能知道这事。
2. 今天我跟他不见得能见上面。
3. 不见得他会同意我的意见。

文化点 Cuestiones de la cultura china

中国的绘画艺术

中国画简称"国画"。中国画是中华民族传统的绘画艺术，它是用毛笔、墨和中国画颜料，在特制的宣纸上作画。中国画在题材上可分为人物画、山水画、花鸟画等几类；在技法上有工笔画、写意画、水墨画等形式。

中国画具有鲜明的民族形式和民族风格。它运用线条、墨色来表现形体、质感，并与诗文、书法、篆刻紧密配合，相互影响，形成显著的艺术特征。

早在两千多年前，中国的人物画就已经很成熟了。后来，山水画、花鸟画也慢慢形成了独立的画种。到了公元10世纪至13世纪，中国绘画艺术的发展达到了高峰，出现了不少著名的画家和作品，如《千里江山图》、《清明上河图》

El arte pictórico de China

La pintura china suele llamarse entre los chinos "pintura nacional". Es un arte pictórico tradicional de la nación china, que hace pinturas sobre un tipo de papel especial llamado "papel de Xuan" (hecho en Xuancheng, provincia de Anhui) con pincel, tinta china y pigmentos de la pintura china. Las pinturas tradicionales de China pueden dividirse, temáticamente, en pinturas de figuras, de paisajes, de flores y pájaros, etc. Técnicamente, se clasifican en pinturas detallistas, liberales, de tinta china, etc.

La pintura china tiene forma y estilo nacionales muy notorios. Emplea las líneas y el color de la tinta en expresar las figuras y el sentido de realidad y se combina estrechamente con la poesía, caligrafía y grabado de sellos. Se forman así destacados rasgos artísticos propios.

Hace ya más de dos mil años que la pintura de figuras de China alcanza su madurez y, más tarde, la pintura de paisajes y la de flores y pájaros también se constituyeron gradualmente en tipos de pinturas independientes. En los siglos X–XIII, el arte pictórico chino llegó a un apogeo y surgieron muchos pintores y obras de gran fama, como el cuadro de "Ríos y montañas

等。到了19、20世纪，中国的国画艺术进入了新的发展阶段，中国画的创作更加丰富多彩，出现了不少大师级的国画家和优秀作品，如齐白石的《群虾图》、徐悲鸿《奔马图》等。

en nuestro inmenso territorio", el de "A lo largo del río Qingming", etc. En los siglos XIX y XX, la pintura china entró en una nueva etapa de desarrollo y tuvo creaciones más variadas aún. Aparecieron no pocos pintores de categoría de gran maestro y obras sobresalientes como el cuadro de "Langostinos" de Qi Baishi, el de "Caballo al galope" de Xu Beihong, etc.

练 习 **Ejercicios**

一、听两遍录音后，给下列句子标上声调/Escucha dos veces la grabación y luego marca los tonos de las palabras de las siguientes oraciones

1. Zhe liang tao fangzi women dou kanguo le, ni juede na tao hao?
2. Shiqu de fangzi haochu shi jiaotong fangbian.
3. Pengshang duche shijian geng chang.

二、听录音，然后复述所听内容/Escucha la grabación y, luego, cuenta verbalmente el contenido

三、替换练习/Ejercicio de sustitución

1. 拿市区的这套来说，房子小了点儿。

写汉字	经常练习就一定能写好
明子	她更喜欢面积大环境好的房子
我	我的听力比口语好
游泳	马丁比不上王大伟
足球	马丁踢得最好
交通	市区比郊区方便

2. 交通方便是方便，但是周围绿化不好。

这套房子好	好	离市区太远了
离市区远	远	周围环境好
周围环境好	好	房子租金太贵
他同意	同意	心里不太高兴
天气冷	冷	不常刮风
他来	来了	很快就走了

3. 即使<u>租金贵一些</u>，<u>(我们)</u>也是可以接受的。

租金贵一些	我	愿意要这套房子
明天下雨	我们	要去参观
他不来	我一个人	可以做完这些事
迟到一会儿		比不去好
你说错了		没有关系
有票		不会有好座位了

四、朗读下列短语/Lee en voz alta los siguientes sintagmas

不见得知道	不见得想去	不见得同意
不见得会	不见得喜欢	不见得便宜
又大又不贵	又好又便宜	又有花又有草
各有各的好处	各有各的问题	各有各的事情
交通方便	绿化很好	环境不错

五、说一说/Presentación oral

你喜欢什么样的房子？（说一段话，至少要五个句子）

Dinos qué tipo de casas te gustan (Exprésate en un párrafo que conste al menos de cinco oraciones)

六、选择词语填空/Selecciona palabras apropiadas para rellenar los espacios en blanco

（比较、比较起来、但是、即使、不见得、各、是、反正）

1. 远也没关系，_____有高速路。

2. _____再晚一个小时，也来得及。

3. 他_____会同意我们的意见。

4. 这房子小是小，_____周围环境好。

5. 他说过_____说过，但我没记住。

6. 你觉得这两本书哪本_____有意思？

7. 我们两个人＿＿＿＿＿＿＿有＿＿＿＿＿＿＿的问题。

8. ＿＿＿＿＿＿＿，我妈妈更喜欢听京剧。

七、用指定词语完成句子／*Completa las siguientes oraciones utilizando las palabras dadas*

1. 不管你怎么说，＿＿＿＿＿＿＿＿＿＿＿＿。(反正)

2. 他们俩来不来我不知道，＿＿＿＿＿＿＿＿＿＿＿。(反正)

3. 他同意不同意都没关系，＿＿＿＿＿＿＿＿＿＿＿。(反正)

4. 即使学习再忙，＿＿＿＿＿＿＿＿＿＿＿＿。(也)

5. ＿＿＿＿＿＿＿＿＿＿＿＿，我们也要去。(即使)

6. 何塞的房子虽然租金很贵，＿＿＿＿＿＿＿＿＿＿＿。(但是)

八、把下列句子翻译成汉语／*Traduce al chino las siguientes oraciones*

1. Prefiero vivir en los arrabales.

2. No importa que haga buen tiempo o mal tiempo, de todas formas he de ir a nadar.

3. La arbolización de los alrededores de nuestra universidad está muy bien hecha.

4. ¿Qué tipo de trabajo quieres buscar en definitiva?

5. Prefiero trabajar de maestro.

6. Se requieren por lo menos 40 minutos yendo de mi casa a la compañía.

课　文 Texto

我都有些灰心了

掌握（动）zhǎngwò
(v.) dominar, manejar

难（形）nán
(adj.) difícil

记（动）jì
(v.) recordar, aprender de memoria

灰心（动）huīxīn
(v.) desalentarse, desanimarse

尽量（副）jǐnliàng
(adv.) en lo posible, a más no poder

写（动）xiě
(v.) escribir

自然（副）zìrán
(adv.) naturalmente

具体（形）jùtǐ
(adj.) concreto

做法（名）zuòfǎ
(s.) manera de obrar, método

卡片（名）kǎpiàn
(s.) tarjeta, ficha

口袋（名）kǒudai
(s.) bolsillo

有空儿（动）yǒukòngr
(v.) tener tiempo disponible, tener ratos libres

（玛丽亚和马丁在谈学习汉语）

玛丽亚：你的汉字掌握得真好，你是怎么学习的呢？

马　丁：你是不是觉得汉字很难？

玛丽亚：是，我觉得汉字难极了。

马　丁：刚开始我也是这样，怎么也记不住。我都有些灰心了。

玛丽亚：后来呢？你坚持下去了吗？

马　丁：我坚持下去了。我每天尽量多写多练。时间长了，写得多了，就自然记住了。

玛丽亚：我明白了，你的经验是多写多
练。

马　丁：是的。除了多写多练以外，也没
有别的好办法了。

玛丽亚：那你的具体做法呢？

马　丁：我做了很多汉字卡片，放在口袋
里，有空儿就拿出来看看，想想
怎么写。

玛丽亚：还有呢？

马　丁：还有听录音的时候，我尽量把听
到的句子写下来。这样既练习了
听力，又练习了汉字。

玛丽亚：你现在会写多少汉字了？

马　丁：具体数字我不太清楚，但一般的
汉字我都能写，一般的文章也都
能看懂。

玛丽亚：那你的汉字已经没问题了，你不
需要再练习了。

马　丁：不行，尽管汉字对我来说已经不
是问题了，但我还是要每天都
练，这样我的汉字就会越写越
好，越写越快。

录音（名）lùyīn
(s.) grabación

句子（名）jùzi
(s.) oración, frase

练习（动）liànxí
(v.) practicar, hacer ejercicios

数字（名）shùzì
(s.) número, cantidad

清楚（动）qīngchu
(v.) claro

一般（形）yìbān
(adj.) general, corriente

文章（名）wénzhāng
(s.) escrito, artículo

尽管（连）jǐnguǎn
(conj.) aunque

以上（名）yǐshàng
(s.) más de

像（动）xiàng
(v.) imitar, proceder tal como...

补充生词

Palabras suplementarias

强烈（形）qiángliè
(adj.) enérgico, intenso, fuerte

人家（名）rénjiā
(s.) casa, familia; los otros, los demás

玛丽亚： 是吗？你现在每天写多长时间的
汉字？

马　丁： 一般情况下，我每天会写半个小
时以上。

玛丽亚： 我也要像你这样，把汉字学好。

Wǒ dōu yǒuxiē huīxīn le

Mǎlìyà:　Nǐ de hànzì zhǎngwò de zhēn hǎo, nǐ shì
zěnme xuéxí de ne?

Mǎdīng:　Nǐ shì bu shì juéde hànzì hěn nán?

Mǎlìyà:　Shì, wǒ juéde hànzì nánjí le.

Mǎdīng:　Gāng kāishǐ wǒ yě shì zhèyàng, zěnme yě
jì bu zhù. Wǒ dōu yǒuxiē huīxīn le.

Mǎlìyà:　Hòulái ne? Nǐ jiānchí xiàqu le ma?

Mǎdīng:　Wǒ jiānchí xiàqu le. Wǒ měi tiān jǐnliàng
duō xiě duō liàn. Shíjiān cháng le, xiě de
duō le, jiù zìrán jìzhù le.

Mǎlìyà:　Wǒ míngbai le, nǐ de jīngyàn shì duō xiě
duō liàn.

Mǎdīng:　Shìde. Chúle duō xiě duō liàn yǐwài, yě
méiyǒu biéde hǎo bànfǎ le.

Mǎlìyà:　Nà nǐ de jùtǐ zuòfǎ ne?

Mǎdīng:　Wǒ zuòle hěn duō hànzì kǎpiàn, fàng zài
kǒudai li, yǒukòngr jiù ná chūlai kànkan,
xiǎngxiang zěnme xiě.

Mǎlìyà:　Hái yǒu ne?

领导（动、名）lǐngdǎo
(v., s.) dirigir; líder, diri-
gente

浪费（动）làngfèi
(v.) derrochar, despil-
farrar

老年（名）lǎonián
(s.) vejez

Mǎdīng: Hái yǒu tīng lùyīn de shíhou, wǒ jǐnliàng bǎ tīngdào de jùzi xiě xiàlai. Zhèyàng jì liànxíle tīnglì, yòu liànxíle hànzì.

Mǎlìyà: Nǐ xiànzài huì xiě duōshao hànzì le?

Mǎdīng: Jùtǐ shùzì wǒ bú tài qīngchu, dàn yìbān de hànzì wǒ dōu néng xiě, yìbān de wénzhāng yě dōu néng kàndǒng.

Mǎlìyà: Nà nǐ de hànzì yǐjīng méi wèntí le, nǐ bù xūyào zài liànxí le.

Mǎdīng: Bù xíng, jǐnguǎn hànzì duì wǒ lái shuō yǐjīng bú shì wèntí le, dàn wǒ háishi yào měi tiān dōu liàn, zhèyàng wǒ de hànzì jiù huì yuè xiě yuè hǎo, yuè xiě yuè kuài.

Mǎlìyà: Shì ma? Nǐ xiànzài měi tiān xiě duō cháng shíjiān de hànzì?

Mǎdīng: Yìbān qíngkuàng xià, wǒ měi tiān huì xiě bàn gè xiǎoshí yǐshàng.

Mǎlìyà: Wǒ yě yào xiàng nǐ zhèyàng, bǎ hànzì xuéhǎo.

语言点 **Cuestiones de lengua china**

一、怎么也记不住

"怎么也……" 是个常用格式，强调无论在什么情况或条件下都能实现。例如：

"怎么也……" es una fórmula usual y se emplea para subrayar que la acción del verbo se realizará en todo caso o a pesar de todo. Por ejemplo:

1. 我怎么也得去。

2. 今天你怎么也要买，否则就没用的了。

在有 "怎么也……" 的格式中，常有否定副词 "不"，强调无论在什么情况或条件下都不能实现。例如：

En las oraciones con la fórmula de "怎么也……" suele haber el adverbio negativo "不". En tal caso se subraya que la acción del verbo no se hará realidad de ningún modo o en ninguna circunstancia. Por ejemplo:

3. 我怎么也不想吃。

4. 我怎么也想不起来了。

二、你坚持下去了吗

"下去"用在某些动词的后边，意思引申为动作继续进行。在句中充当表示趋向的补语。例如：

Al emplearse detrás de algunos verbos, "下去" indica el aspecto continuativo de la acción del verbo. Sirve de suplemento direccional en las oraciones. Por ejemplo:

1. 我明年还要在中国学习下去。
2. 请你继续讲下去。
3. 这个问题我们要讨论下去。

三、我尽量把听到的句子写下来

"下来"用在某些动词的后边，表示通过动作使人或事物固定或停留在某处，以免消失、离去或被遗忘。在句中充当表示趋向的补语。例如：

Colocado detrás de algunos verbos, "下来" indica el aspecto de permanencia de la acción del verbo, expresando que, una vez realizada la acción, la persona o cosa de que se trata se fija o se queda en determinado sitio y así se evita su desaparición, marcha u olvido. Sirve de suplemento direccional en las oraciones. Por ejemplo:

1. 我把他的电话号码记下来了。
2. 他要留下来工作一两年。
3. 我要把这儿的风景照下来。

四、这样既练习了听力，又练习了汉字

"既……又……"是由连词"既"和副词"又"组成的，多用在表示并列关系的复句中，也可用于单句。无论复句或单句，都有两个并列的成分，表示某一事物同时发生两个动作或处于两种状态。例如：

La fórmula "既……又……" está formada por la conjunción "既" y el adverbio "又" y se emplea mucho en oraciones compuestas de nexo copulativo, aunque también se usa en oraciones simples. Tanto en las compuestas como en las simples, hay dos elementos que se hallan en una relación de coordinación. Esta fórmula indica la coexistencia de dos acciones o cualidades en una misma persona o cosa. Por ejemplo:

1. 他汉字写得既快又好。
2. 她既想去上海，又想去北京。
3. 他既学英语，又学西班牙语。

五、尽管汉字对我来说已经不是问题了，但我还是要每天都练

"尽管……但……"这一格式是由连词"尽管"和连词"但"组成的，用于表示转折关系的复句中。前一分句用"尽管"姑且承认某种事实或理由，表示让步。后一分句用"但"表示转折，说出与前一分句的事实相反的意见或结论。例如：

La fórmula "尽管……但……" está formada por las conjunciones "尽管" y "但" y se emplea en oraciones compuestas de nexo adversativo. La suboración precedente, en que va "尽管", haciendo concesión, admite provisionalmente cierto hecho o razón; la posterior, en que se usa "但", hace un viraje, expresando una observación o conclusión opuesta a aquel hecho o razón. Por ejemplo:

1. 尽管她汉字写得有点儿慢，但写得很整齐。
2. 尽管这间屋子不太大，但布置得非常漂亮。
3. 尽管我的英语水平不高，但我能看懂这篇文章的内容。

文化点 **Cuestiones de la cultura china**

中国的书法艺术

书法是中国和中国周边的几个亚洲国家所特有的一种艺术形式。书法是指用毛笔书写汉字的方法，包括执笔、用笔、点画、分布、结

La caligrafía china

La caligrafía china es una forma artística propia de China y de algunos países asiáticos vecinos. Se trata de diversas maneras de escribir los caracteres chinos con pincel, incluyendo modos de empuñar el pincel, de emplearlo, de

构等。书法艺术有独特的个性特征，汉字从最早的甲骨文开始，经历了金文、大篆、小篆、隶书、楷书、行书等发展过程，这些不同的书体都是以方块的形式出现，每种形体的汉字都可以勾画出图画来。书法家在艺术实践中以不同形态的点画和线条来表现美感和情趣。一千六百多年前的东晋有个大书法家王羲之，在中国书法史上影响最大，被誉为"书圣"。他的书法到了尽善尽美的地步。他的书法博采众长，推陈出新，一变汉、魏以来质朴的书风，字势雄强多变化，为历代书法家所推崇。

escribir los trazos, de distribuirlos, de estructurar los caracteres, etc. El arte caligráfico refleja la personalidad peculiar de quien lo practica. La escritura china, iniciada antiguamente con los primitivos grabados en huesos o caparazones de tortuga, experimentó un largo proceso de desarrollo desde el *jin wen, dazhuan* [escritura de caracteres que se desarrolló durante la dinastía Zhou y hoy se ven en numerosas inscripciones sobre bronce], el *xiaozhuan* [escritura de caracteres de la dinastía Qin, que se creó estandarizando el *dazhuan*] y el *lishu* [escritura de caracteres de la dinastía Han, que supone una simplificación de *xiaozhuan*] , *kaishu, xingshu*, etc. hasta la escritura regular de los caracteres que usamos en el día de hoy y la escritura cursiva. (La escritura regular empezó a instituirse desde finales de la dinastía Han al reducir y normalizar los trazos de la escritura de *lishu*). A pesar de las diferencias en el estilo, los caracteres de las distintas escrituras siempre aperecen en forma cuadrada y cada uno de ellos puede presentarse como un cuadro. En su práctica artística, los calígrafos expresan la belleza y la gracia con diversa conformación de los trazos y líneas. Hace más de 1.600 años, en la dinastía Jin del Este, surgió un gran maestro llamado Wang Xizhi, quien es el que mayor influencia ha tenido en la historia caligráfica de China y es venerado como el "Padre de los calígrafos", pues su escritura alcanzó la perfección. En su época, asimilando los puntos fuertes de otros muchos calígrafos y siguiendo el lema de suprimir lo viejo y desarrollar lo nuevo, Wang Xizhi cambió el estilo caligráfico llano que estaba de moda desde las dinastías Han y Wei y creó uno nuevo. Su escritura era vigorosa y cambiante y ha sido ampliamente ensalzada por los calígrafos de distintas épocas.

练 习 Ejercicios

一、听两遍录音后，填上下列句子中的拼音／*Escucha dos veces la grabación y luego completa en letras fonéticas las siguientes oraciones*

1. Wǒ _____ hànzì nánjí le.

2. Wǒ _____ xiàqu le.

3. Ni de _____ shì duō xiě duō liàn.

4. _____ hànzì duì wǒ lái shuō _____ bú shì wèntí le, dàn wǒ háishi yào měi tiān dōu liàn.

5. Yìbān _____ xià, wǒ _____ huì xiě bàn gè _____ yǐshàng.

二、听录音，然后复述所听内容／*Escucha la grabación y, luego, cuenta verbalmente el contenido*

三、替换练习/*Ejercicio de sustitución*

1. <u>马丁刚开始怎么也记不住汉字</u>。

你	要学会滑冰
我爸爸	不同意
我	想不起来他的名字
我们	要买到飞机票
你	得给家里打个电话
这几天奶奶	睡不着

2. 尽管<u>汉字对我来说已经不是问题了</u>，但<u>我还是要每天都练</u>。

他觉得很累	还是把作业写完了才睡觉
天气不好	公园里有很多人在锻炼身体
她刚学做中餐	做得非常好
见过他两次	我还是想不起来他的样子
学习汉语不太容易	维克多一直坚持下来了
工作很忙	何塞每天都看中文报纸

四、朗读下列短语/*Lee en voz alta los siguientes sintagmas*

怎么也记不住	怎么也不习惯	怎么也听不懂	怎么也要去
听下去	说下去	坚持下去	表演下去
留下来	写下来	照下来	车停下来
既好看又好吃	既聪明又努力	既便宜又好	既高兴又感动

五、说一说/*Presentación oral*

你是怎么记汉字的？你学习汉字有什么好办法？（说一段话，至少要五个句子）

¿Cómo aprendes de memoria los caracteres chinos? ¿Qué método ideal tienes para aprenderlos? (Expresarse en un párrafo que conste al menos de cinco oraciones)

六、选择词语填空／Selecciona palabras apropiadas para rellenar los espacios en blanco

（像、以上、一般、灰心、清楚、自然、尽量、具体）

1. 请你把这道菜的＿＿＿＿＿＿做法写下来。

2. 你一定不要＿＿＿＿＿＿，要坚持下去。

3. 我＿＿＿＿＿＿做到每天听半个小时的中文广播。

4. 他说的这个问题你＿＿＿＿＿＿吗？

5. 这种情况是很＿＿＿＿＿＿的。

6. 我每天要睡六个小时＿＿＿＿＿＿。

7. 你应该＿＿＿＿＿＿何塞那样每天锻炼身体。

8. ＿＿＿＿＿＿情况下，他不会去打工。

七、划线连接下列词语／Enlaza con rayas las siguientes expresiones

做得　　　　　　　　　　写下来

怎么也　　　　　　　　　不清楚

把这句话　　　　　　　　学不会

具体情况　　　　　　　　下去

有些　　　　　　　　　　灰心

坚持　　　　　　　　　　又快又好

八、把下列句子翻译成汉语／Traduce al chino las siguientes oraciones

1. ¿Cómo es que has estudiado el español?

2. Al principio me pareció muy difícil aprender el chino, pero persistí.

3. ¿Podrías contarnos tu experiencia?

4. Con el tiempo te vas acostumbrando naturalmente.

5. Salvo persistir en hacer ejercicios diarios, no hay otro método mejor.

6. No necesitamos una casa tan grande.

宫保鸡丁我最拿手

（王大伟教马丁做中餐）

王大伟：今天我教你做一道家常菜——宫
保鸡丁。

马　丁：太好了！宫保鸡丁是我最喜欢吃
的菜，我一去饭店就点这个菜。

王大伟：原料你准备好了吗？

马　丁：准备好了。宫保鸡丁的原料是鸡
肉丁和油炸花生米。

王大伟：配料呢？辣椒和葱、姜、蒜。

马　丁：辣椒？

生 词

Palabras nuevas

中餐（名）zhōngcān
(s.) comida china,
cocina china

道（量）dào
(clas. de platos y otras
cosas)

家常菜 jiāchángcài
plato familiar, plato
casero

原料（名）yuánliào
(s.) ingrediente

配料（名）pèiliào
(s.) condimento

葱（名）cōng
(s.) cebolleta

姜（名）jiāng
(s.) jengibre

蒜（名）suàn
(s.) ajo

红（形）hóng
(adj.) rojo

哎呀（叹）āiyā
(interj.) ¡Caramba!
¡Cáspita!

只好（副）zhǐhǎo
(adv.) no haber más
remedio que

锅（名）guō

王大伟：对，要那种红红的小辣椒。

马　丁：哎呀，我忘了买辣椒了。不用辣椒不行吗？

王大伟：宫保鸡丁的味道就是又香又辣，没有辣椒可不行。

马　丁：那怎么办？

王大伟：我告诉你怎么做，你下次买来辣椒自己做吧。

马　丁：好吧，只好这样了。你说吧。

王大伟：先在锅里倒上油，把辣椒炸一下，然后把鸡肉丁倒进锅里炒，再放葱、姜、蒜，放盐、糖、酱油、醋，放花生米，最后再加点儿黄瓜丁，就做好了。

马　丁：一道菜需要这么多东西呀！

王大伟：是啊，中餐是很讲究的。

马　丁：你是跟谁学的这道菜？

王大伟：跟我妈学的。这是我们家的传统菜，是我姥姥的姥姥传下来的。

马　丁：你还会做什么菜？

王大伟：宫保鸡丁我最拿手，别的菜就做得很一般了。

(s.) perol, sartén

倒（动）dào
(v.) verter

炒（动）chǎo
(v.) sofreír, saltear

盐（名）yán
(s.) sal

糖（名）táng
(s.) azúcar

酱油（名）jiàngyóu
(s.) salsa de soja, salsa china

醋（名）cù
(s.) vinagre

最后（名）zuìhòu
(s.) por último

加（动）jiā
(v.) añadir

黄瓜（名）huángguā
(s.) pepino

讲究（形）jiǎngjiu
(adj.) exigente

传统（形）chuántǒng
(adj.) tradición

姥姥（名）lǎolao
(s.) abuela (materna)

传（动）chuán
(v.) transmitir

拿手（形）náshǒu
(adj.) lo que mejor hace uno

Gōngbǎo Jīdīng wǒ zuì náshǒu

Wáng Dàwěi: Jīntiān wǒ jiāo nǐ zuò yí dào jiācháng-cài — Gōngbǎo Jīdīng.

Mǎdīng: Tài hǎo le! Gōngbǎo Jīdīng shì wǒ zuì xǐhuan chī de cài, wǒ yí qù fàndiàn jiù diǎn zhège cài.

Wáng Dàwěi: Yuánliào nǐ zhǔnbèi hǎo le ma?

Mǎdīng: Zhǔnbèi hǎo le. Gōngbǎo Jīdīng de yuánliào shì jīròudīng hé yóuzhá huāshēngmǐ.

Wáng Dàwěi: Pèiliào ne? Làjiāo hé cōng、jiāng、suàn.

Mǎdīng: Làjiāo?

Wáng Dàwěi: Duì, yào nà zhǒng hónghóng de xiǎo làjiāo.

Mǎdīng: Āiyā, wǒ wàngle mǎi làjiāo le. Bú yòng làjiāo bù xíng ma?

Wáng Dàwěi: Gōngbǎo Jīdīng de wèidao jiù shì yòu xiāng yòu là, méiyǒu làjiāo kě bù xíng.

Mǎdīng: Nà zěnme bàn?

Wáng Dàwěi: Wǒ gàosu nǐ zěnme zuò, nǐ xiàcì mǎilái làjiāo zìjǐ zuò ba.

Mǎdīng: Hǎo ba, zhǐhǎo zhèyàng le. Nǐ shuō ba.

Wáng Dàwěi: Xiān zài guō li dàoshang yóu, bǎ làjiāo zhá yíxià, ránhòu bǎ jīròudīng dàojìn guō li chǎo, zài fàng cōng、

补充生词

Palabras suplementarias

理解（动）lǐjiě
(v.) comprender, entender

立即（副）lìjí
(adv.) inmediatamente

密切（形）mìqiè
(adj.) íntimo, estrecho

平均（形）píngjūn
(adj.) medio, por término medio

老实（形）lǎoshi
(adj.) honesto

jiāng、suàn、fàng yán、táng、jiàngyóu、cù、fàng huāshēngmǐ,
zuìhòu zài jiā diǎnr huángguādīng, jiù zuòhǎo le.

Mǎdīng:	Yí dào cài xūyào zhème duō dōngxi ya!
Wáng Dàwěi:	Shì a, Zhōngcān shì hěn jiǎngjiu de.
Mǎdīng:	Nǐ shì gēn shéi xué de zhè dào cài?
Wáng Dàwěi:	Gēn wǒ mā xué de. Zhè shì wǒmen jiā de chuántǒngcài, shì wǒ lǎolao de lǎolao chuán xiàlai de.
Mǎdīng:	Nǐ hái huì zuò shénme cài?
Wáng Dàwěi:	Gōngbǎo Jīdīng wǒ zuì náshǒu, biéde cài jiù zuò de hěn yìbān le.

语言点 Cuestiones de lengua china

一、没有辣椒可不行

副词"可"用在动词或形容词前，可以表示强调。例如：

Al ponerse delante de verbos o adjetivos, el adverbio "可" sirve para enfatizar. Por ejemplo:

1. 北京的冬天可冷了。
2. 他的孩子可聪明了。
3. 我可没有找到他。

二、只好这样了

副词"只好"通常表示由于某种条件所限，不得不这样做的意思。在句中充当状语。例如：

El adverbio "只好" significa generalmente que, debido a ciertas circunstancias, no hay otra alternativa que hacer algo. Es modificador adverbial en las oraciones. Por ejemplo:

1. 时间来不及了，只好明天再去。
2. 电视机坏了，只好再买个新的。
3. 外面下着大雨，我们只好呆在家里。

三、先在锅里倒上油，……然后把鸡肉丁倒进锅里炒，再放葱、姜、蒜，……最后再加点儿黄瓜丁

"先……然后……"这一格式是由副词"先"和连词"然后"组成的，表示行为动作发生的次序。在这一格式的后边，可以再加副词"再"、名词"最后"等，仍表示动作依次序发生。例如：

La fórmula "先……然后……" está compuesta por el adverbio "先" y la conjunción "然后" e indica el orden de realización de dos acciones. Después de esta fórmula se puede utilizar el adverbio "再 (más tarde)" y el sustantivo "最后 (por último)" para añadir otras acciones que se producen sucesivamente. Por ejemplo:

1. 他先去西班牙，然后去墨西哥。
2. 每天早晨我先到公园跑步，然后练习太极拳，再喝茶，最后买早点回家。
3. 今天下班以后，我先去买菜，然后回家做饭。

文化点 Cuestiones de la cultura china

丢花包的习俗

傣族是中国的少数民族之一，主要分布在云南省的德宏、西双版纳等地区。傣族人民在傣族新年这个最重大的传统节日里，要载歌载舞，相互泼水，预祝在新的一年里，人畜两旺，五谷丰登。傣族新年也叫"泼水节"。

Costumbre étnica de tirar y coger bolsitas de flores

La nacionalidad *dai* es una de las minorías étnicas de China y vive principalmente en Dehong y Xishuang Banna, provincia de Yunnan. Durante el Año Nuevo de esa nacionalidad, que es su fiesta tradicional más importante, los *dais*, mientras cantan y bailan, se echan mutuamente agua, deseando en reciprocidad la prosperidad y buena cosecha en el nuevo año. De ahí que el Año Nuevo de los *dais* también se

傣族青年在欢度泼水节的时候，要打扮得漂漂亮亮，除了泼水、跳孔雀舞以外，还有一个重要的活动——丢花包。花包是姑娘们用花布条拼缝起来的，包心塞满了棉纸，包的四角缀着五条花穗。姑娘们拿着花包站成一排，向相隔七八米远的一排小伙子抛去。小伙子接到花包后，又马上丢回去。花包飞来飞去，连接着两颗相爱的心。丢花包有输赢，接不住花包的就要挨罚，得把自己最心爱的东西送给对方。要是姑娘接受了对方的礼物，就会把自己的联系方式告诉对方，男女双方开始谈情说爱。花包为傣族青年的爱情穿针引线，是傣族青年爱情的纽带。

llame "Fiesta de Rociada de Agua".

Cuando se celebra la fiesta, los jóvenes se atavían con elegancia. Además de tomar parte en la rociada de agua y danzar el baile de pavo real, participan en otra actividad muy importante, que es tirar y coger bolsitas de flores. Éstas son bolsitas cosidas por las chicas con tiras de tela de distintos colores, llenas por dentro de algodón y papel y adornadas con borlas en los cuatro ángulos. Para empezar la actividad, las chicas se ponen en una fila, cada cual con su bolsita de flores en la mano, y las lanzan hacia los chicos que esperan en una línea a siete u ocho metros de distancia. Los mozos, al agarrarlas, las arrojan para devolvérselas. Las bolsita de flores van y vienen en el aire uniendo dos corazones que se quieren. En el juego hay quienes ganan y quienes pierden. Los que no logran coger las bolsitas de flores que les tiran, recibirán un castigo: obsequiar a la otra parte con uno de los objetos que más aprecian. Si una chica acepta el regalo de un muchacho, ésta le dirá sus datos de contacto, y el chico y la chica empiezan a salir juntos. Luego, los dos empezarán a festejar. Las preciosas bolsitas de flores actúan así como intermediario entre los jóvenes *dais*, sirviéndoles de lazos de amor.

练 习 Ejercicios

一、根据录音写出下列词语的拼音/*Escribe en letras fonéticas las palabras que se escuchan en la grabación*

1. _____   4. _____   7. _____

2. _____   5. _____   8. _____

3. _____   6. _____   9. _____

二、听录音，然后复述所听内容/*Escucha la grabación y, luego, cuenta verbalmente el contenido*

三、替换练习/*Ejercicio de sustitución*

1. <u>这次没辣椒</u>，只好<u>下次再做了</u>。

我的自行车丢了	再买一辆
他的车坏了	走路上班
赵小英等不着王玲	自己一个人去
我有很多作业	晚一些睡觉
今天他没有时间	明天再去
我不懂法语	请他翻译

2. <u>(你)</u>先把辣椒炸一下，然后把鸡肉丁倒进锅里炒。

你应该	问问他的意见	再作决定
他们	去上海	去西安游览
这几天	是刮大风	又是不停地下雨
张德明	是回美国上大学	又到中国来留学
他	在一家公司打工	自己开了一家公司
马志强	到广州学了一年厨师	自己开饭馆当老板

四、把"可"加在下列句中适当的位置上／*Agrega la palabra "可" a las siguientes oraciones en la posición apropiada*

　　　例：我不会游泳。

　　　　　→我可不会游泳。

　　1. 我不知道这件事。

　　2. 我们都没有想到会是这样。

　　3. 这个孩子真聪明。

　　4. 他没有说过这样的话。

　　5. 我回答不出来这个问题。

　　6. 这个问题不简单。

　　7. 一个人拿不了这么多行李。

　　8. 我找到他的电话了。

五、说一说／*Presentación oral*

　　你的拿手菜是什么？请告诉我们一道菜的做法。（说一段话，至少要五个句子）

　　¿Cuál es el mejor guiso que sabes hacer? Y dinos la forma de hacer un plato. (Expresarse en un párrafo que conste al menos de cinco oraciones)

六、选择词语填空／*Selecciona palabras apropiadas para rellenar los espacios en blanco*

　　（拿手、道、传统、可、点、一般、教、家常菜）

　　1. 这个餐馆的菜都是＿＿＿＿＿＿＿＿。

　　2. 我可以＿＿＿＿＿＿＿＿你学滑冰。

　　3. 你喜欢吃什么菜就＿＿＿＿＿＿＿＿什么菜。

　　4. 他跑得＿＿＿＿＿＿＿＿不快。

　　5. 春节是中国的＿＿＿＿＿＿＿＿节日。

　　6. 唱京剧是他最＿＿＿＿＿＿＿＿的。

　　7. 我游泳游得很＿＿＿＿＿＿＿＿。

　　8. 今天的菜一共有三＿＿＿＿＿＿＿＿。

七、完成下列句子／*Completa las siguientes oraciones*

1. 我想先洗澡吃饭，然后＿＿＿＿＿＿＿＿＿＿＿＿＿，
   最后＿＿＿＿＿＿＿＿＿＿＿＿＿。

2. 尽管这套房子很贵，但是＿＿＿＿＿＿＿＿＿＿＿＿＿。

3. 他每次一回到家就＿＿＿＿＿＿＿＿＿＿＿＿＿。

4. 除了打网球以外，我还＿＿＿＿＿＿＿＿＿＿＿＿＿。

5. 放暑假以后，我们想先去旅游两个星期，然后再＿＿＿＿＿＿＿＿＿＿＿＿＿。

6. 我一看到照片就＿＿＿＿＿＿＿＿＿＿＿＿＿。

八、把下列句子翻译成汉语／*Traduce al chino las siguientes oraciones*

1. Ya me he preparado bien para todas las clases de hoy.

2. Comer a la occidental es algo muy laborioso.

3. Que volvamos otra vez.

4. Este asunto, ¿no te lo ha dicho él?

5. Me he olvidado de avisarlos.

6. ¿Con quién aprendiste a hacer el *taijiquan*?

课 文 Texto

你就等着瞧吧

（马丁和王大伟谈做中国菜）

王大伟：上次我教你的宫保鸡丁，你做了
　　　　吗？

马　丁：没有。我一想，自己做太麻烦，
　　　　干脆去饭馆吃吧。再说，去饭馆
　　　　又好吃又便宜，还不用自己洗碗
　　　　呢。

王大伟：你可真够懒的。

马　丁：不是懒，是我最近太忙了。有时
　　　　间的话，我还是很喜欢自己动手
　　　　做菜的，特别是喜欢做中餐。

王大伟：是吗？你这么喜欢中餐，能说说

生　词

Palabras nuevas

干脆（副）gāncuì
　　(adv.) lo mejor es sen-
　　cillamente...
再说（连）zàishuō
　　(conj.) además, es más
便宜（形）piányi
　　(adj.) barato, económico
碗（名）wǎn
　　(s.) tazón
够……的　gòu…de
　　bastante, requete.
……的话（助）…dehuà
　　(part. aux.) si..., de +
　　inf.
动手（动）dòngshǒu
　　(v.) con las propias
　　manos
特点（名）tèdiǎn
　　(s.) rasgos característi-
　　cos
色（名）sè
　　(s.) color
味（名）wèi
　　(s.) sabor
俱（副）jù
　　(adv.) sin que falte nada
颜色（名）yánsè
　　(s.) color

中餐的特点吗？

马　丁：中餐的特点是色、香、味俱全。

　　　　"色"是颜色，就是好看；"香"

　　　　是香味，就是好闻；"味"是味

　　　　道，就是好吃。

王大伟：对极了！

马　丁：我还知道中国人对主食的爱好，

　　　　这就是南方人喜欢吃米，北方人

　　　　喜欢吃面。

王大伟：是这样。中餐有几大菜系你知道吗？

马　丁：那还不容易？中餐有四大菜系：

　　　　鲁菜、川菜、粤菜、淮扬菜。

王大伟：对。鲁菜是什么地方的菜？

马　丁：你想考我吗？

王大伟：我听听你说得对不对。

马　丁：鲁菜是山东菜，川菜是四川菜，

　　　　粤菜是广东菜，淮扬菜主要是扬

　　　　州一带的菜。

王大伟：不错。我再问问你，川菜的特点

　　　　是什么？

马　丁：川菜的特点是麻、辣、香，用的调

　　　　料很多。宫保鸡丁就是一道川菜。

好看（形）hǎokàn
(adj.) buen aspecto, magnífica presentación

香味（名）xiāngwèi
(s.) buen olor

好闻（形）hǎowén
(adj.) oloroso

主食（名）zhǔshí
(s.) alimento cerealero

南方（名）nánfāng
(s.) Sur

米（名）mǐ
(s.) arroz

北方（名）běifāng
(s.) Norte

面（名）miàn
(s.) harina, trigo

菜系（名）càixì
(s.) escuela gastronómica

调料（名）tiáoliào
(s.) condimento

研究（动）yánjiū
(v.) estudiar, estar entendido de...

谈不上 tán bu shàng
fuera de cuestión, no ser para tanto

成为（动）chéngwéi
(v.) llegar a ser, convertirse en

饮食（名）yǐnshí
(s.) comida y bebida, gastronomía

文化（名）wénhuà
(s.) cultura

王大伟： 不简单，你对中餐很有研究啊。

马　丁： 谈不上研究，我只是爱吃，也常看一些介绍中餐的书。

王大伟： 说不定你以后会成为中国饮食文化的专家。

马　丁： 你就等着瞧吧。

Nǐ jiù děngzhe qiáo ba

Wáng Dàwěi:　Shàngcì wǒ jiāo nǐ de Gōngbǎo Jīdīng, nǐ zuòle ma?

Mǎdīng:　Méiyǒu. Wǒ yì xiǎng, zìjǐ zuò tài máfan, gāncuì qù fànguǎn chī ba. Zàishuō, qù fànguǎn yòu hǎochī yòu piányi, hái bú yòng zìjǐ xǐ wǎn ne.

Wáng Dàwěi:　Nǐ kě zhēn gòu lǎn de.

Mǎdīng:　Bú shì lǎn, shì wǒ zuìjìn tài máng le. Yǒu shíjiān dehuà, wǒ háishi hěn xǐhuan zìjǐ dòngshǒu zuò cài de, tèbié shì xǐhuan zuò Zhōngcān.

Wáng Dàwěi:　Shì ma? Nǐ zhème xǐhuan Zhōngcān, néng shuōshuo Zhōngcān de tèdiǎn ma?

Mǎdīng:　Zhōngcān de tèdiǎn shì sè、xiāng、wèi jù quán. "Sè" shì yánsè, jiù shì hǎokàn; "xiāng" shì xiāngwèi, jiù shì hǎowén; "wèi" shì wèidao, jiù

专家（名）zhuānjiā
　（s.) experto
瞧（动）qiáo
　(v.) ver, mirar

专　名

Nombres propios

鲁菜 Lǔcài
　gastronomía de Shandong
粤菜 Yuècài
　gastronomía de Guang-dong
淮扬菜 Huáiyángcài
　gastronomía de Huai'an y Yangzhou
山东 Shāndōng
　Shandong (provincia)
广东 Guǎngdōng
　Guangdong (provincia)
扬州 Yángzhōu
　Yangzhou (ciudad)

补充生词

Palabras suplementarias

连忙（副）liánmáng
　(adv.) inmediatamente, en seguida
流利（形）liúlì
　(adj.) fluido
留学（动）liúxué
　(v.) estudiar en el extranjero

shì hǎochī.

Wáng Dàwěi:　Duìjí le!

Mǎdīng:　Wǒ hái zhīdào Zhōngguórén duì zhǔshí de àihào, zhè jiù shì nánfāngrén xǐhuan chī mǐ, běifāngrén xǐhuan chī miàn.

Wáng Dàwěi:　Shì zhèyàng. Zhōngcān yǒu jǐ dà càixì nǐ zhīdào ma?

Mǎdīng:　Nà hái bù róngyì? Zhōngcān yǒu sì dà càixì: Lǔcài、Chuāncài、Yuècài、Huáiyángcài.

Wáng Dàwěi:　Duì. Lǔcài shì shénme dìfang de cài?

Mǎdīng:　Nǐ xiǎng kǎo wǒ ma?

Wáng Dàwěi:　Wǒ tīngting nǐ shuō de duì bu duì.

Mǎdīng:　Lǔcài shì Shāndōngcài, Chuāncài shì Sìchuāncài, Yuècài shì Guǎngdōngcài, Huáiyángcài zhǔyào shì Yángzhōu yídài de cài.

Wáng Dàwěi:　Búcuò. Wǒ zài wènwen nǐ, Chuāncài de tèdiǎn shì shénme?

Mǎdīng:　Chuāncài de tèdiǎn shì má、là、xiāng, yòng de tiáoliào hěn duō. Gōngbǎo Jīdīng jiù shì yí dào Chuāncài.

Wáng Dàwěi:　Bù jiǎndān, nǐ duì Zhōngcān hěn yǒu yánjiū a.

Mǎdīng:　Tán bu shàng yánjiū, wǒ zhǐshì ài chī, yě cháng kàn yìxiē jièshào Zhōngcān de shū.

录（动）lù
(v.) grabar
录像（动）lùxiàng
(v.) videograbación

Wáng Dàwěi: Shuōbudìng nǐ yǐhòu huì chéngwéi Zhōngguó yǐnshí wénhuà de zhuānjiā.

Mǎdīng: Nǐ jiù děngzhe qiáo ba.

语言点 **Cuestiones de lengua china**

一、干脆去饭馆吃吧

副词"干脆"表示直截了当和索性的意思。在句中充当状语。例如：

El adverbio "干脆" significa "lo mejor es sencillamente...". Sirve de modificador adverbial en las oraciones. Por ejemplo:

1. 这台电脑常常出毛病，干脆买台新的吧。
2. 这儿的风景太美了，干脆多玩几天再走。
3. 自行车坏了，干脆走着去。

二、再说，去饭馆又好吃又便宜

"再说"用来表示追加一层理由。例如：

"再说" se emplea para añadir una nueva razón al enunciado previo. Por ejemplo:

1. 再不去活动就要结束了，再说过几天工作就忙了，也没时间去了。
2. 现在去找他太晚了，再说，他不一定有时间。
3. 这种衣服的式样她可能不喜欢，再说，也太贵了。

三、那还不容易

副词"还"在反问句中，用于陪衬表示反问的语气。"那还不容易"是很容易的意思。例如：

En las interrogaciones que no manifiestan duda ni piden respuesta, sino que expresan indirectamente una afirmación, la función del adverbio "还" es completiva. "那还不容易" quiere decir que "aquello es muy fácil". Por ejemplo:

1. 那还用问？
2. 你的意思我还不明白吗？
3. 我常去那儿，还能不认识路？

文化点　Cuestiones de la cultura china

中国人的宗教信仰

中国人的宗教信仰主要有佛教、伊斯兰教、基督教和道教等。佛教信奉释迦牟尼，在公元1世纪就开始传入中国，有比较广泛的影响；伊斯兰教信仰安拉是唯一的神，在公元7世纪中叶传入中国，曾先后在回族、维吾尔族、哈萨克族、东乡族、保安族等少数民族中传布；基督教于公元7世纪开始传入中国，有一定的影响；道教是中国土生土长的宗教，发源于中国古代的巫术、秦汉方术及黄老思想等，公元2世纪由张道陵倡导创立，奉老子为教祖，尊称"太上老君"。分布在全国各地的道观是道教信奉者

Creencias religiosas de los chinos

Las creencias religiosas de los chinos son principalmente el budismo, el islamismo, el cristianismo y el taoísmo. El budismo, cuyo fundador fue Sakyamuni, se introdujo en China en el siglo I y ejerce una influencia bastante amplia en nuestro país. El islamismo, que cree que Alá es el único Dios, entró en China a mediados del siglo VII y se ha divulgado sucesivamente entre las nacionalidades hui, uigur, kazak, dongxiang, bao'an y otras minorías nacionales. El cristianismo empezó a propagarse en China en el siglo VII y mantiene aún determinada influencia. El taoísmo es la religión autóctona china y viene de la brujería y alquimia antigua china y la filosofía laoísta. Se fundó en el siglo II con la promoción de Zhao Daoling y diviniza a Laozi como el patriarca, dándole el honorífico tratamiento de "Taishang Laojun". Los templos taoístas, que se distribuyen en todas

的主要活动场所。

partes del país, son los principales lugares donde realizan sus actividades los creyentes taoístas.

练 习 **Ejercicios**

一、听两遍录音后，给下列词语填上韵母/*Escucha dos veces la grabación y luego completa las letras fonéticas de las siguientes palabras agregándoles la parte vocálica*

1. g_____c_____   6. b _____f_____

2. tèd_____   7. yánj_____

3. yáns_____   8. y _____sh_____

4. w_____   9. w _____h_____

5. zh _____sh_____   10. zh _____j_____

二、替换练习/*Ejercicio de sustitución*

1. 自己做太麻烦，干脆去饭馆吃吧。

今天天气不好，	在家休息吧
你	在这里多住几天
我们	不做饭了
既然不想去，	别去了
你	再去买一部新手机

2. 说不定<u>你以后会成为中国饮食文化的专家</u>。

他今天不来了

你父母会同意你的决定

票已经卖光了

她也喜欢你

小李愿意帮我们

你很快就能找到工作的

三、朗读下列短语/*Lee en voz alta los siguientes sintagmas*

他真够懒的　　　　　天气真够冷的　　　　　雨真够大的

太麻烦　　　　　　　特别喜欢　　　　　　　回答得不错

谈不上　　　　　　　说不上　　　　　　　　说不定

山东一带　　　　　　很有研究　　　　　　　不简单

四、说一说/*Presentación oral*

请你介绍一下你所在的城市、地区（或你的国家）在饮食上有什么特点，人们对饮食有什么偏好。（说一段话，至少要五个句子）

Cuéntanos a todos las características y gustos culinarios de la ciudad o región donde vives (o de tu país). (Exprésate en un párrafo que conste al menos de cinco oraciones)

五、选择词语填空/*Selecciona palabras apropiadas para rellenar los espacios en blanco*

（说不定、等着瞧、谈不上、成为、干脆、不是、动手、颜色）

1. 反正也来不及了，＿＿＿＿＿＿＿＿我们不去了。

2. 他＿＿＿＿＿＿＿＿不会做，是不愿意做。

3. 我爸爸喜欢自己＿＿＿＿＿＿＿＿做这些东西。

4. 这件衣服的＿＿＿＿＿＿＿＿特别漂亮。

5. 我对这个城市＿＿＿＿＿＿＿＿熟悉。

6. 他以后一定会＿＿＿＿＿＿＿＿中国文化的专家。

7. _____情况真的就是这样。

8. 你_____吧，我今天会全都做完的。

六、用"再说"和"所以"把下面的小句连接成一段话/Organiza las siguientes frases en párrafos utilizando "再说" y "所以"

例／Un ejemplo：

今天的作业不多

今天的作业也不难

一个晚上就能做完

→ 今天的作业不多，再说也不难，所以一个晚上就能做完。

1. 这套房子租金太贵

这套房子周围的环境不好

我们再看看别的房子吧

2. 他家离火车站太远

天已经黑了

还是让他来接我们好

3. 这件事情不难

他不一定有时间

我一个人做就行了

4. 我想挣点儿钱去旅游

也想积累一些工作经验

我决定每个周末去书店打工

七、把下列句子翻译成汉语/Traduce al chino las siguientes oraciones

1. Sé por supuesto cuáles son sus aficiones.

2. La comida china se caracteriza por poseer a la vez una bonita presentación, olor y sabor.

3. Él lee a menudo libros sobre la cultura china.

4. De disponer de tiempo, prefiero pasarlo junto con los amigos.

5. No es que sea yo perezoso, sino que no tengo tiempo.

6. Este plato es sabroso y, a la vez, barato.

八、把下面的句子改成反问句/Convierte las siguientes oraciones en interrogaciones adversativas

1. 这条路我很熟悉。

2. 今天的作业半个小时就能写完。

3. 我当然认识他们。

4. 都12点了，不早了。

5. 他要能来早就来了。

6. 这几天很冷。

课文 Texto

这个故事真让人感动

（赵小英等三个好朋友去听音乐会）

赵小英：今天晚上去听音乐会，你们说我穿什么衣服好？

李　芳：穿旗袍吧，因为去听中国音乐会。

赵小英：旗袍我有两件，一件红色的，一件黑色的。穿什么颜色的好？

李　芳：我觉得都可以。

赵小英：我穿黑色的吧。

玛丽亚：我没有旗袍，穿什么衣服呢？

赵小英：要不然我把红色的旗袍借给你穿。

李　芳：你们俩身材差不多，红色的你穿起来一定好看。

生词

Palabras nuevas

旗袍（名）qípáo
　（s.）qipao (un vestido femenino)

红色（名）hóngsè
　（s.）color rojo

黑色（名）hēisè
　（s.）color negro

借（动）jiè
　（v.）prestar

身材（名）shēncái
　（s.）talla, estatura

演出（名）yǎnchū
　（s.）representación, actuación

与（连）yǔ
　（conj.）con, y

首（量）shǒu
　（clas. para poema, canción, música）

曲子（名）qǔzi
　（s.）composición musical

讲（动）jiǎng
　（v.）hablar, narrar, contar

美丽（形）měilì
　（adj.）bello, hermoso

爱情（名）àiqíng
　（s.）amor

玛丽亚：那就多谢了。

李　芳：今天晚上的演出有《梁山伯与祝英台》，这是很有名的一首曲子。

赵小英：这首曲子讲了一个美丽的爱情故事。

玛丽亚：爱情故事？这听起来不错。你们先给我讲讲吧。

李　芳：梁山伯和祝英台是同学，他们在一起学习。

赵小英：梁山伯是一个善良的小伙子，他和祝英台相爱了。

李　芳：后来，祝英台的父亲让她和一个有钱人结婚，祝英台不同意。在那时候，年轻人没有自由恋爱的权利，梁山伯伤心地死去了。

赵小英：祝英台痛苦极了，也在梁山伯的墓前自杀了。

李　芳：他们死后，变成了一对美丽的蝴蝶，一起飞来飞去。

玛丽亚：这个故事真让人感动。

李　芳：我们早点儿走吧，先去书店看一眼，我想买几盘CD。

善良（形）shànliáng
(adj.) bueno, amable, simpático

小伙子（名）xiǎohuǒzi
(s.) chico, muchacho, joven

相爱（动）xiāng'ài
(v.) enamorarse

父亲（名）fùqīn
(s.) padre

年轻（形）niánqīng
(adj.) joven

自由（形）zìyóu
(adj.) libre

恋爱（动）liàn'ài
(v.) enamorarse

权利（名）quánlì
(s.) derecho

死（动）sǐ
(v.) morir

痛苦（形）tòngkǔ
(adj.) penoso, doloroso

墓（名）mù
(s.) tumba

前（名）qián
(s.) ante, delante de

自杀（动）zìshā
(v.) suicidarse

后（名）hòu
(s.) después de, detrás de

对（量）duì
(clas.) par

Zhège gùshi zhēn ràng rén gǎndòng

Zhào Xiǎoyīng: Jīntiān wǎnshang qù tīng yīnyuè-
huì, nǐmen shuō wǒ chuān shénme
yīfu hǎo?

Lǐ Fāng: Chuān qípáo ba, yīnwèi qù tīng
Zhōngguó yīnyuèhuì.

Zhào Xiǎoyīng: Qípáo wǒ yǒu liǎng jiàn, yí jiàn hóng-
sè de, yí jiàn hēisè de. Chuān shénme
yánsè de hǎo?

Lǐ Fāng: Wǒ juéde dōu kěyǐ.

Zhào Xiǎoyīng: Wǒ chuān hēisè de ba.

Mǎlìyà: Wǒ méiyǒu qípáo, chuān shénme
yīfu ne?

Zhào Xiǎoyīng: Yàoburán wǒ bǎ hóngsè de qípáo
jiè gěi nǐ chuān.

Lǐ Fāng: Nǐmen liǎ shēncái chàbuduō, hóngsè
de nǐ chuān qǐlai yídìng hǎokàn.

Mǎlìyà: Nà jiù duōxiè le.

Lǐ Fāng: Jīntiān wǎnshang de yǎnchū yǒu
«Liáng Shānbó yǔ Zhù Yīngtái», zhè
shì hěn yǒumíng de yì shǒu qǔzi.

Zhào Xiǎoyīng: Zhè shǒu qǔzi jiǎngle yí gè měilì de
àiqíng gùshi.

Mǎlìyà: Àiqíng gùshi? Zhè tīng qǐlai búcuò.
Nǐmen xiān gěi wǒ jiǎngjiang ba.

Lǐ Fāng: Liáng Shānbó hé Zhù Yīngtái shì
tóngxué, tāmen zài yìqǐ xuéxí.

感动（动）gǎndòng
(v.) conmover

早点儿 zǎo diǎnr
con antelación, temprano

眼（名）yǎn
(s.) ojo

盘（量）pán
(clas.) disco

专 名

Nombres propios

《梁山伯与祝英台》
«Liáng Shānbó yǔ Zhù
Yīngtái»
Liang Shanbo y Zhu
Yingtai

梁山伯 Liáng Shānbó
Liang Shanbo

祝英台 Zhù Yīngtái
Zhu Yingtai

补充生词

Palabras suplementarias

落后（形）luòhòu
(adj.) atrasado,
retrógrado

骂（动）mà
(v.) insultar

理发（动）lǐfà
(v.) hacerse cortar el
pelo

Zhào Xiǎoyīng:	Liáng Shānbó shì yí gè shànliáng de xiǎohuǒzi, tā hé Zhù Yīngtái xiāng'ài le.
Lǐ Fāng:	Hòulái, Zhù Yīngtái de fùqīn ràng tā hé yí gè yǒuqiánrén jiéhūn, Zhù Yīngtái bù tóngyì. Zài nà shíhou, niánqīngrén méiyǒu zìyóu liàn'ài de quánlì, Liáng Shānbó shāngxīn de sǐqù le.
Zhào Xiǎoyīng:	Zhù Yīngtái tòngkǔ jí le, yě zài Liáng Shānbó de mù qián zìshā le.
Lǐ Fāng:	Tāmen sǐ hòu, biànchéngle yí duì měilì de húdié, yìqǐ fēilái-fēiqù.
Mǎlìyà:	Zhège gùshi zhēn ràng rén gǎndòng.
Lǐ Fāng:	Wǒmen zǎo diǎnr zǒu ba, xiān qù shūdiàn kàn yì yǎn, wǒ xiǎng mǎi jǐ pán CD.

毛病（名）máobìng
(s.) *falla, defecto, problema, avería*

前天（名）qiántiān
(s.) *anteayer*

语言点 **Cuestiones de lengua china**

一、红色的你穿起来一定好看

"起来"用在某些动词的后边，在句中充当趋向补语，引申为表示估计或着眼于某一方面的意思。例如：

Al emplearse detrás de algunos verbos, "起来" les sirve de suplemento direccional, expresando el tono de apreciación o el de examinar un asunto desde algún ángulo. Por ejemplo:

1. 看起来，他不会来了。

2. 听起来，他好像不同意我的意见。

3. 这件事说起来容易，做起来就难了。

二、一起飞来飞去

"来"、"去"分别用在两个相同的动词后边，表示动作反复进行。例如：

"来" y "去" se emplean aquí respectivamente con un mismo verbo repetido, lo que indica la reiteración de la acción. Por ejemplo:

1. 这个问题讨论来讨论去，还是决定不了。
2. 他在外面走来走去，好像在考虑什么问题。
3. 我想来想去，就是想不出好办法来。

三、 先去书店看一眼

"一眼"用在"看、瞧"等动词后边，充当数量补语，表示动作的短暂，跟"一下"意思相同，可以替代。例如：

"一眼", puesto detrás de los verbos "看" y "瞧", les sirve de suplemento cuantitativo e indica brevedad de duración de la acción. Tiene el mismo significado que "一下" y puede ser sustituido por este último. Por ejemplo:

1. 你快去瞧一眼，看看饭做好了没有。
2. 让我看一眼吧。

文化点　Cuestiones de la cultura china

中国气功

中国气功是一种独特的治病健身方法。几千年来，作为防病治病、健身养生、延年益寿的好方法，气功在民间广泛流传。近年来，中国在气功的理论研究和实践上都有了很大的发展，学气

El qigong chino

El *qigong* chino (un sistema de ejercicio físico con concentración mental y control respiratorio) es un método especial para tratar enfermedades y fortalecer la salud. Se divulga ampliamente entre el pueblo hace ya miles de años como un buen medio de medicina preventiva, terapéutico, tonificador y

功、练气功的人越来越多。不少外国人也对中国气功产生了浓厚的兴趣。

气功分两类，一类是静立、静坐或静卧，使精神集中，并且用特殊的方式进行呼吸，从而促进循环、消化等系统的功能。另一类是用柔和的运动操、按摩等方法，坚持经常锻炼，以增强体质。

longevizante. En los últimos años, el estudio teórico y la práctica del *qigong* han alcanzado un desarrollo considerable en China y hay cada vez más gente que se pone a aprenderlo y practicarlo. No pocos extranjeros han demostrado tener profundo interés por él.

Hay dos clases de *qigongs*. Una se caracteriza por permanecer quieto de pie, sentado o acostado concentrándose mentalmente y respirando en una forma especial, lo que beneficia las funciones de los sistemas circulatorio, digestivo, etc. Otra consiste en hacer ejercicios o masajes suaves. Quien lo practica con frecuencia puede robustecerse físicamente.

练习 Ejercicios

一、**听录音跟读下列句子**/*Lee en voz alta las oraciones de abajo siguiendo la grabación*

1. Nǐmen liǎ shēncái chàbuduō, hóngsè de nǐ chuān qǐlai yídìng hǎokàn.
2. Jīntiān wǎnshang de yǎnchū yǒu «Liáng Shānbó yǔ Zhù Yīngtái», zhè shì hěn yǒumíng de yì shǒu qǔzi.
3. Liáng Shānbó hé Zhù Yīngtái shì tóngxué, tāmen zài yìqǐ xuéxí.
4. Tāmen sǐ hòu, biànchéngle yí duì měilì de húdié, yìqǐ fēilái-fēiqù.

二、听录音，然后复述所听内容/*Escucha la grabación y, luego, cuenta verbalmente el contenido*

三、替换练习/*Ejercicio de sustitución*

1. 要不然<u>我把红色的旗袍借给你穿</u>。

> 我陪你一起去
> 我们干脆在家休息
> 你来我家
> 他就在办公室等着
> 我们打电话让他来一趟
> 我们再想想别的办法

2. <u>一对美丽的蝴蝶飞来飞去</u>。

他在门外不停地走	走
孩子们在公园里跑	跑
这么多风筝在天上飞	飞

四、朗读下列短语/*Lee en voz alta los siguientes sintagmas*

穿起来	看起来	听起来	读起来
看一眼	瞧一眼	一对蝴蝶	一只蝴蝶
一个年轻人	一对年轻人	几盘CD	一盘磁带
一首歌	一首曲子	一个故事	一座墓

五、说一说/*Presentación oral*

你一定听过很多美丽的故事，请给大家讲一个出来。（说一段话，至少要五个句子）

Seguro que conoces muchas historias muy bonitas, cuéntanos una a todos en chino. (Exprésate en un párrafo que conste al menos de cinco oraciones)

六、选择词语填空/ *Selecciona palabras apropiadas para rellenar los espacios en blanco*

（走来走去、说来说去、听来听去、想来想去、看起来、做起事来、带起来、做起来、说起来）

1. 他＿＿＿＿＿＿＿＿＿，还是想不出好办法。
2. 我＿＿＿＿＿＿＿＿＿，不知道他说的是什么意思。
3. 你＿＿＿＿＿＿＿＿＿的，到底是同意还是不同意？
4. 几个人在那里＿＿＿＿＿＿＿＿＿，谁也不想坐下来。
5. 他＿＿＿＿＿＿＿＿＿，总是急急忙忙的。
6. ＿＿＿＿＿＿＿＿＿，这件事你父母不会同意的。
7. 干什么都是这样，＿＿＿＿＿＿＿＿＿容易＿＿＿＿＿＿＿＿＿难。
8. 这样的电脑＿＿＿＿＿＿＿＿＿很方便。

七、完成下列句子/ *Completa las siguientes oraciones*

1. 你应该给家里打个电话，要不然＿＿＿＿＿＿＿＿＿＿。
2. 我们可以去散步，要不然＿＿＿＿＿＿＿＿＿＿。
3. 他想来想去，＿＿＿＿＿＿＿＿＿＿。
4. 衣服虽然不少，但我看来看去，＿＿＿＿＿＿＿＿＿＿。
5. ＿＿＿＿＿＿＿＿＿＿，因为今天天气太冷。
6. 我最近太忙了，所以＿＿＿＿＿＿＿＿＿＿。

八、把下列句子翻译成汉语/ *Traduce al chino las siguientes oraciones*

1. Dime qué tipo de apartamento te parece bueno si queremos alquilar uno.
2. El coche lo he prestado a un amigo.
3. Tenemos derecho a elegir libremente nuestro propio noviazgo y casamiento.
4. La talla de Wang Dawei difiere poco de la de su hermano menor.
5. Esta película es muy conmovedora.
6. Él es muy capaz y simpático; a los amigos les gusta estar con él.

你这是早恋哪！

生　词

Palabras nuevas

全班　quánbān
todo el grupo

合影（名）héyǐng
*(s.) fotografía de dos
o más personas*

一共（副）yígòng
(adv.) en total

认（动）rèn
(v.) reconocer

半天（名）bàntiān
*(s.) medio día, mucho
tiempo*

排（量）pái
(clas.) fila

左边（名）zuǒbian
(s.) izquierda

年龄（名）niánlíng
(s.) edad

个子（名）gèzi
(s.) estatura, talla

矮（形）ǎi
*(adj.) bajo, de poca
talla*

恐怕（副）kǒngpà
*(adv.) quizás, a lo
mejor*

互相（副）hùxiāng
(adv.) mutuamente

（王大伟和马丁在看王大伟小时候的照片）

王大伟：这张是我小学毕业时候的全班合
　　　　影。

马　丁：你们班的同学挺多的，有三十多
　　　　个吧。

王大伟：差不多，一共有27个。你能认出
　　　　来哪个是我吗？

马　丁：我找了半天了，也没认出来。

王大伟：第一排最左边的这个就是我。

马　丁：这个就是你呀，真不像。你看起
　　　　来比别人都小。

王大伟：我们班我年龄最小，个子也最
　　　　矮。

马　丁：你们班的同学现在还有联系吗？

王大伟：没有了，见了面恐怕互相也认不出来了。

马　丁：名字呢？名字也都忘了吗？

王大伟：有的名字还能想起来，有的已经想不起来了。

马　丁：你旁边的这个女同学是谁？她的名字还能想起来吗？

王大伟：她，我当然还记得，她是我们班最漂亮的女生，上课的时候我常常偷偷看她。

马　丁：你这是早恋哪！

王大伟：我当时还给她写过一封信呢，可是她不理我。

马　丁：你当时也太小了。你们现在还来往吗？

王大伟：没有。随着年龄的增长，我对女孩子的欣赏标准也变了。

马　丁：你现在喜欢什么样的？

王大伟：漂亮不漂亮不是最主要的，性格好、独立性强才最重要。

女（形）nǚ
　(adj.) femenino
记得（动）jìde
　(v.) recordar, acordarse
女生（名）nǚshēng
　(s.) alumna
偷偷（副）tōutōu
　(adv.) sigilosamente,
　furtivamente
早恋（动）zǎoliàn
　(v.) amor en edad pre-
　matura
理（动）lǐ
　(v.) hacer caso
来往（动）láiwǎng
　(v.) relacionarse
随着（动）suízhe
　(v.) con, a medida que
增长（动）zēngzhǎng
　(v.) aumentar, crecer
女孩子（名）nǚháizi
　(s.) chica
欣赏（动）xīnshǎng
　(v.) apreciar
标准（名）biāozhǔn
　(s.) criterio, norma
性格（名）xìnggé
　(s.) carácter, tempera-
　mento
独立性（名）dúlìxìng
　(s.) independencia

Nǐ zhè shì zǎoliàn na!

Wáng Dàwěi:	Zhè zhāng shì wǒ xiǎoxué bìyè shíhou de quánbān héyǐng.
Mǎdīng:	Nǐmen bān de tóngxué tǐng duō de, yǒu sānshí duō gè ba.
Wáng Dàwěi:	Chàbuduō, yígòng yǒu èrshíqī gè. Nǐ néng rèn chūlai nǎge shì wǒ ma?
Mǎdīng:	Wǒ zhǎole bàntiān le, yě méi rèn chūlai.
Wáng Dàwěi:	Dì-yī pái zuì zuǒbian de zhège jiù shì wǒ.
Mǎdīng:	Zhège jiù shì nǐ ya, zhēn bú xiàng. Nǐ kàn qǐlai bǐ biérén dōu xiǎo.
Wáng Dàwěi:	Wǒmen bān wǒ niánlíng zuì xiǎo, gèzi yě zuì ǎi.
Mǎdīng:	Nǐmen bān de tóngxué xiànzài hái yǒu liánxì ma?
Wáng Dàwěi:	Méiyǒu le, jiànle miàn kǒngpà hùxiāng yě rèn bu chūlái le.
Mǎdīng:	Míngzi ne? Míngzi yě dōu wàngle ma?
Wáng Dàwěi:	Yǒude míngzi hái néng xiǎng qǐlai, yǒude yǐjīng xiǎng bu qǐlái le.
Mǎdīng:	Nǐ pángbiān de zhège nǚtóngxué shì shéi? Tā de míngzi hái néng xiǎng qǐlai ma?
Wáng Dàwěi:	Tā, wǒ dāngrán hái jìde, tā shì wǒmen bān zuì piàoliang de nǚshēng, shàng-

强（形）qiáng
(adj.) fuerte, intenso, mucho

补充生词

Palabras suplementarias

美好（形）měihǎo
(adj.) feliz, espléndido

民主（名、形）mínzhǔ
(s.,adj.) democracia; democrático

利用（动）lìyòng
(v.) utilizar, aprovechar

强调（动）qiángdiào
(v.) subrayar, enfatizar

模仿（动）mófǎng
(v.) imitar

kè de shíhou wǒ chángcháng tōutōu kàn tā.

Mǎdīng:	Nǐ zhè shì zǎoliàn na!
Wáng Dàwěi:	Wǒ dāngshí hái gěi tā xiěguo yì fēng xìn ne, kěshì tā bù lǐ wǒ.
Mǎdīng:	Nǐ dāngshí yě tài xiǎo le. Nǐmen xiànzài hái láiwǎng ma?
Wáng Dàwěi:	Méiyǒu. Suízhe niánlíng de zēngzhǎng, wǒ duì nǚháizi de xīnshǎng biāozhǔn yě biàn le.
Mǎdīng:	Nǐ xiànzài xǐhuan shénmeyàng de?
Wáng Dàwěi:	Piàoliang bu piàoliang bú shì zuì zhǔyào de, xìnggé hǎo、dúlìxìng qiáng cái zuì zhòngyào.

语言点 Cuestiones de lengua china

一、你能认出来哪个是我吗

"出来"用在某些动词的后边，充当趋向补语，意思引申为通过动作识别、分辨人或事物，使之由隐蔽到暴露。例如：

"出来", colocado detrás de algunos verbos, les sirve de suplemento direccional, indicando que, al realizarse la acción del verbo precedente, se logra discernir o distinguir a una persona o cosa, haciéndolas pasar del estado encubierto al descubierto. Por ejemplo:

1. 我能看出来谁是哥哥谁是弟弟。
2. 这辆汽车的毛病他检查出来了。
3. 我听出她的声音来了。

二、见了面恐怕互相也认不出来了

副词"恐怕"表示估计。例如：

El adverbio "恐怕" expresa una estimación. Por ejemplo:

1. 这辆汽车恐怕能坐二十多人。
2. 恐怕他不会来了。
3. 自己开车去长城恐怕要一个多小时。

三、有的名字还能想起来

"起来"用在某些动词的后边，在句中充当趋向补语，引申为表示动作完成或达到目的的意思。例如：

"起来", colocado detrás de algunos verbos, les sirve de suplemento direccional, indicando el aspecto efectivo o resultativo de la acción. Por ejemplo:

1. 我们一定要想办法把路修起来。
2. 我怎么也想不起来了。
3. 这个学外语的活动是我们班搞起来的。

四、随着年龄的增长

动词"随着"表示人或事物跟着"随着"之后的事物的变化而发生变化。例如：

El verbo "随着" indica que la acción del verbo principal es consecuencia de los cambios expresados por el verbo que va con "随着" y que la última sigue inmediatamente a la primera. Por ejemplo:

1. 随着生活水平的提高，他们都买了新房。
2. 随着人口的增加，这个城市新建了两所医院。

文化点 **Cuestiones de la cultura china**

二十四节气

二十四节气是中国古代人在农业生产实践中逐渐创立的。开始的时候，一年只分春秋两季，后来又分为春、夏、秋、冬四季，以后又不断补充、完善。到了公

Los 24 jieqis

Los 24 *jieqis* (nombre genérico de los puntos que marcan el comienzo de los 24 períodos de unos 15 días en que se divide el año solar y también del primer día de estos períodos) fueron inventados paso a paso por los antiguos chinos en la práctica de la producción agrícola.

元前二百年左右，就有了像现在这样的二十四节气了。

二十四节气在公历中的日期变化不大。一般，上半年是每个月的6号、21号，下半年是每个月的8号、23号。有时候，日期会相差一两天。

二十四节气的名称很有意思，从很多节气的名称上可以知道是什么季节。比如立春、立夏、立秋、立冬，"立"是开始的意思，所以这四个节气分别表示春天、夏天、秋天、冬天开始了。又比如夏至、冬至分别表示夏天、冬天已经达到极点。再比如春分、秋分，"分"有平分的意思，在这两天，白天黑天正好一样长。此外，当雨水、霜降、小雪、大雪等节气到来时，人们也就知道该会出现什么样的天气了。

Al principio, un año se dividía sólo en dos estaciones: la primavera y el otoño, y más tarde en cuatro: la primavera, el verano, el otoño y el invierno. Luego a través de incesantes revisiones y perfeccionamiento se logró establecer los actuales 24 períodos solares. Y eso fue hacia el año 200 antes de Cristo.

Varían muy poco en el calendario gregoriano las fechas en las que van los puntos de comienzo de los 24 períodos. Normalmente caen en los días 6 y 21 de cada mes en la primera mitad del año y en los 8 y 23 de los restantes meses del mismo. A veces se presenta una diferencia de uno o dos días.

Las denominaciones de los 24 *jieqis* son muy interesantes. Por ellas se puede saber de qué estación o temporada agrícola se trata. Por ejemplo, de las denominaciones de 立春, 立夏, 立秋 y 立冬, la palabra "立" significa "inminencia" y, por consiguiente, estos cuatro nombres anuncian cada uno en su tiempo la inmediatez de la primavera, el verano, el otoño y el invierno. 夏至 (solsticio de verano) y 冬至 (solsticio de invierno) indican respectivamente plena llegada del verano e invierno. La palabra "分" de 春分 (equinoccio de primavera) y 秋

二十四节气

春季	立春 2月3~5日	雨水 2月18~20日	惊蛰 3月5~7日
	春分 3月20~21日	清明 4月4~6日	谷雨 4月19~21日
夏季	立夏 5月5~7日	小满 5月20~22日	芒种 6月5~7日
	夏至 6月21~22日	小暑 7月6~8日	大暑 7月22~24日
秋季	立秋 8月7~9日	处暑 8月22~24日	白露 9月7~9日
	秋分 9月22~24日	寒露 10月8~9日	霜降 10月23~24日
冬季	立冬 11月7~8日	小雪 11月22~23日	大雪 12月6~8日
	冬至 12月21~23日	小寒 1月5~7日	大寒 1月20~21日

分 (equinoccio de otoño) implica "división en partes iguales" y sugiere entonces que, en estas dos fechas, el día y la noche son justamente mitad y mitad. Por último, cuando llegan los *jieqis* de 雨水 (lluvia), 霜降 (escarcha), 小雪 (pequeña nevada) y 大雪 (gran nevada), ya se sabe qué tipo de tiempo atmosférico va a hacer.

练习 **Ejercicios**

一、听两遍录音后，填上下列句子中的拼音/*Escucha dos veces la grabación y luego completa en letras fonéticas las siguientes oraciones*

1. Zhè zhāng shì wǒ xiǎoxué bìyè shíhou de quánbān _____.

2. Nǐ néng _____ chūlai nǎ_____ shì wǒ ma?

3. Dì-yī _____ zuì _____ de zhège jiù shì wǒ.

4. Nǐmen bān de _____ xiànzài hái yǒu _____ ma?

5. Wǒ _____ hái gěi tā xiěguo yì _____ xìn ne, _____ tā bù lǐ wǒ.

6. Suízhe _____ de _____, wǒ duì nǚháizi de xīnshǎng _____ yě biàn le.

二、听录音，然后复述所听内容/*Escucha la grabación y, luego, cuenta verbalmente el contenido*

三、替换练习/*Ejercicio de sustitución*

1. <u>你们班的同学</u>见了面恐怕<u>互相也认不出来了</u>。

你的行李	有二十多公斤
他的个子	比你还高
他	已经把我们忘了
音乐会的票	订不着了
今天的晚会他	不参加了
他	不会喜欢这样的女孩子

2. 随着<u>年龄的增长</u>，<u>我对女孩子的欣赏标准也变了</u>。

经济的发展	人们的生活水平不断提高
汉语水平的提高	他能用中文写信了
工资的增长	他们的房子越来越大
天气的变化	到公园锻炼身体的人少了

四、朗读下列短语/*Lee en voz alta los siguientes sintagmas*

看出来	认出来	听出来	检查出来
想起来	修起来	一张照片	三个同学
年龄小	年龄大	个子高	个子矮
没有联系	没有来往	性格好	独立性强

五、说一说/*Presentación oral*

你对女孩子(或者男孩子／好朋友)的欣赏标准是什么？你喜欢什么样的女孩子(或者男孩子／好朋友)？(说一段话，至少要五个句子)

¿Cuál es tu criterio para una buena chica (o un buen chico / buen amigo)? ¿Qué tipo de chicas (o chicos / amigos) te gusta? (Exprésate en un párrafo que conste al menos de cinco oraciones)

六、选择词语填空/ *Selecciona palabras apropiadas para rellenar los espacios en blanco*

（合影、认不出来、想起来、看出来、检查出来、不像、有联系、有来往）

1. 我_____了，你很喜欢这个姑娘。

2. 这人是谁? 我_____。

3. 他的名字我_____了。他叫张德明。

4. 他的病医生已经_____了。

5. 这是我们全班同学的_____。

6. 你和你的中学同学还_____吗?

7. 我和国内的朋友一直都_____。

8. 你弟弟可真_____你。

七、完成句子/ *Completa las siguientes oraciones*

1. 他到现在还不来，恐怕_____。

2. 现在订票太晚了，恐怕_____。

3. 那家饭店太贵，恐怕_____。

4. 随着年龄的增长，_____。

5. 随着天气的变冷，_____。

6. 我给她写过两封信，可是_____。

八、把下列句子翻译成汉语/ *Traduce al chino las siguientes oraciones*

1. Esta foto fue sacada cuando ingresé en la escuela secundaria.

2. En nuestro grupo había en total diez y tantas alumnas.

3. En la última fila de la foto, el segundo desde la izquierda soy yo.

4. Tu padre se ve muy joven.

5. Cuando era pequeño, era bajo y, además, estaba mal de salud.

6. ¿Puedes identificarme entre las personas que aparecen en la foto?

课 文 **Texto**

你也喜欢名牌服装啊？

（李芳和玛丽亚在谈打折的时候去买东西）

李　芳：这几天，北京的商店都在打折，你去买什么东西了没有？

玛丽亚：还没有，我正想去看看。有什么可买的东西吗？

李　芳：打折的东西挺多的，特别是服装、鞋这些东西，打折打得很厉害。

玛丽亚：名牌服装也打折吗？

李　芳：打呀。我总是在打折的时候去买名牌，因为平时买不起嘛。

玛丽亚：你也喜欢名牌服装啊？

生 词

Palabras nuevas

打折（动）dǎzhé
　　(v.) descontar, rebajar

服装（名）fúzhuāng
　　(s.) vestimenta, vestido

鞋（名）xié
　　(s.) zapatos

名牌（名）míngpái
　　(s.) marca conocida, marca acreditada

总是（副）zǒngshì
　　(adv.) siempre

平时（名）píngshí
　　(s.) tiempos normales

买不起 mǎi bu qǐ
　　no estar en condiciones de comprar

平常（形）píngcháng
　　(adj.) ordinario, corriente

心里（名）xīnli
　　(s.) en el fondo del corazón, en el interior de uno

趁（介）chèn
　　(prep.) aprovechar

不一定（副）bùyídìng
　　(adv.) no siempre

李　芳：别提多喜欢了。平常的时候我去
商店看服装，买吧，太贵了，买
不起；不买吧，心里又很喜欢，
很想要，所以每次我都趁打折的
时候去买几件。

玛丽亚：打折的时候商店的人多吗？

李　芳：很多，所以也不一定就能买到合
适的衣服。

玛丽亚：不管买得到买不到，去看看也
好。

李　芳：问题是我一去就会买一大堆回
来，有些东西买回来以后，才发
现其实自己并不需要。

玛丽亚：我也是这样。卖东西的人确实比
买东西的人更聪明，他们知道怎
么让顾客多花钱。

李　芳：所以中国人不是常说，南京到北
京，买的不如卖的精。

玛丽亚：在我们国家，一般商店每年有两
次打折，冬天是圣诞节和元旦前
后，夏天是七八月份。中国呢？

李　芳：中国一般是过年过节的时候，比

一大堆　yí dà duī
un montón de

堆（量）duī
(clas.) montón

有些（代）yǒuxiē
(pron.) algunos

发现（动）fāxiàn
*(v.) darse cuenta de,
advertir, notar*

确实（副）quèshí
*(adv.) en efecto, efectiva-
mente*

聪明（形）cōngming
(adj.) listo, inteligente

顾客（名）gùkè
(s.) cliente, clientela

花（动）huā
(v.) gastar

精（形）jīng
*(adj.) sagaz, astuto,
cauto*

冬天（名）dōngtiān
(s.) invierno

前后（名）qiánhòu
*(s.) antes y después de,
alrededor de*

月份（名）yuèfèn
(s.) mes

过（动）guò
(v.) pasar

如春节、五一节、国庆节等等。

玛丽亚： 那一年有好几次了？

李　芳： 对，好像商店常常在打折，大家
都有点儿不打折不买东西了。

玛丽亚： 如果是这样，就有点儿奇怪了，
商店是怎么赚钱的呢？

李　芳： 那谁知道呢。

Nǐ yě xǐhuan míngpái fúzhuāng a?

Lǐ Fāng:　Zhè jǐ tiān, Běijīng de shāngdiàn dōu
zài dǎzhé, nǐ qù mǎi shénme dōngxi le
méiyǒu?

Mǎlìyà:　Hái méiyǒu, wǒ zhèng xiǎng qù kànkan.
Yǒu shénme kě mǎi de dōngxi ma?

Lǐ Fāng:　Dǎzhé de dōngxi tǐng duō de, tèbié shì
fúzhuāng、xié zhèxiē dōngxi, dǎzhé dǎ de
hěn lìhai.

Mǎlìyà:　Míngpái fúzhuāng yě dǎzhé ma?

Lǐ Fāng:　Dǎ ya. Wǒ zǒngshì zài dǎzhé de shíhou
qù mǎi míngpái, yīnwèi píngshí mǎi bu qǐ
ma.

Mǎlìyà:　Nǐ yě xǐhuan míngpái fúzhuāng a?

Lǐ Fāng:　Bié tí duō xǐhuan le. Píngcháng de shíhou
wǒ qù shāngdiàn kàn fúzhuāng, mǎi ba,
tài guì le, mǎi bu qǐ; bù mǎi ba, xīnli yòu
hěn xǐhuan, hěn xiǎng yào, suǒyǐ měi cì wǒ

年（名）nián
　　(s.) año; Año Nuevo

节（名）jié
　　(s.) fiesta

比如（动）bǐrú
　　(v.) por ejemplo

等等（助）děngděng
　　(part. aux.) etcétera

如果（连）rúguǒ
　　(conj.) si, en caso de que

奇怪（形）qíguài
　　(adj.) extraño, curioso

专　名

Nombres propios

南京　Nánjīng
　　Nanjing

圣诞节　Shèngdànjié
　　Navidad

元旦　Yuándàn
　　Día Primero del Año

春节　Chūnjié
　　Fiesta de Primavera

五一（国际劳动）节
　　Wǔ-Yī (Guójì Láodòng)
　　jié
　　Primero de Mayo, Día
　　Internacional del Trabajo

国庆节　Guóqìngjié
　　Día Nacional

dōu chèn dǎzhé de shíhou qù mǎi jǐ jiàn.

Mǎlìyà: Dǎzhé de shíhou shāngdiàn de rén duō ma?

Lǐ Fāng: Hěn duō, suǒyǐ yě bùyídìng jiù néng mǎidào héshì de yīfu.

Mǎlìyà: Bùguǎn mǎi de dào mǎi bu dào, qù kànkan yě hǎo.

Lǐ Fāng: Wèntí shì wǒ yí qù jiù huì mǎi yí dà duī huílai, yǒuxiē dōngxi mǎi huílai yǐhòu, cái fāxiàn qíshí zìjǐ bìng bù xūyào.

Mǎlìyà: Wǒ yě shì zhèyàng. Mài dōngxi de rén quèshí bǐ mǎi dōngxi de rén gèng cōngming, tāmen zhīdào zěnme ràng gùkè duō huā qián.

Lǐ Fāng: Suǒyǐ Zhōngguórén bú shì cháng shuō, Nánjīng dào Běijīng, mǎi de bùrú mài de jīng.

Mǎlìyà: Zài wǒmen guójiā, yìbān shāngdiàn měi nián yǒu liǎng cì dǎzhé, dōngtiān shì Shèngdànjié hé Yuándàn qiánhòu, xiàtiān shì qī-bā yuèfèn. Zhōngguó ne?

Lǐ Fāng: Zhōngguó yìbān shì guònián guòjié de shíhou, bǐrú Chūnjié、Wǔ-Yījié、Guóqìngjié děngděng.

Mǎlìyà: Nà yì nián yǒu hǎojǐ cì le?

Lǐ Fāng: Duì, hǎoxiàng shāngdiàn chángcháng zài dǎzhé, dàjiā dōu yǒudiǎnr bù dǎzhé bù mǎi dōngxi le.

补充生词
Palabras suplementarias

难过（形、动）nánguò
(adj., v.) triste, afligido; sentirse triste, afligirse

人才（名）réncái
(s.) persona de talento

理想（名）lǐxiǎng
(s.) ideal

闹（形、动）nào
(adj., v.) bullicioso, ruidoso; armar un jaleo

矛盾（名、形）máodùn
(s., adj.) contradicción; contradictorio

Mǎlìyà: Rúguǒ shì zhèyàng, jiù yǒudiǎnr qíguài le, shāngdiàn shì zěnme zhuànqián de ne?

Lǐ Fāng: Nà shéi zhīdào ne.

语言点 **Cuestiones de lengua china**

一、我总是在打折的时候去买名牌

副词 "总是" 是一向、一直的意思。在句中充当状语。例如：

El adverbio "总是" significa "siempre", "continuamente" o "nunca", "jamás". Es modificador adverbial en las oraciones. Por ejemplo:

1. 他总是很晚才睡觉。
2. 最近总是下雨。
3. 他总是不愿意麻烦别人。

二、因为平时买不起嘛

"买不起" 是可能补语的否定形式，意思是因价格太高而不能承受，其肯定形式是 "买得起"，意思是价格能承受。例如：

"买不起" es la forma negativa de un suplemento de posibilidad y significa no estar en condiciones de adquirir una cosa por ser ésta muy cara. Su forma afirmativa es "买得起", que quiere decir estar en condiciones de hacerlo porque el precio es razonable. Por ejemplo:

1. 他经得起任何困难。（能承受困难）
2. 他再也经不起打击了。（不能承受打击）
3. 他担得起家里的生活负担。（能承受生活负担）

三、别提多喜欢了

"别提多……了" 是个常用格式，中间嵌入形容词或动词，表示程度很深。例如：

"别提多……了" es una fórmula usual y, en el lugar de los puntos suspensivos, va un adjetivo o verbo. Sirve para enfatizar el grado de la cualidad o la intensidad de la acción. Por ejemplo:

1. 接到妈妈的电话，马丁别提多高兴了。
2. 他别提多想了。
3. 他跑得别提多快了。

四、买吧，太贵了，买不起；不买吧，心里又很喜欢，很想要

"……吧，……；……吧，……"是用对举的方式，表示两者都难以处理或解决。例如：

"……吧，……；……吧，……" sirve para enlazar dos circunstancias dilemáticas. Por ejemplo:

1. 去吧，太累；不去吧，以后没这样的机会了。
2. 吃吧，现在还不饿；不吃吧，饭店快要关门了。
3. 说远吧，只有两公里；说不远吧，要走半个小时。

五、那一年有好几次了

副词"好"用在数量词或时间词前面，表示数量多或时间久。例如：

Al ponerse delante de un numeral y clasificador o ante modificadores temporales el adverbio "好" subraya la cuantía de algo o el tiempo que dura. Por ejemplo:

1. 事情已经过去好几年了。
2. 那儿站着好多人。
3. 等了好一会儿商店才开门。

文化点 **Cuestiones de la cultura china**

京剧脸谱

脸谱，是中国传统戏剧中演员面部化装的一种程式，是用各种色彩在面部勾

El maquillaje teatral

El maquillaje se usa mucho en las óperas tradicionales de China y consiste en pintar la cara con distintos pigmentos y según determinadas

画出各种图案。戏剧中各种人物都有自己特定的谱式和色彩。

京剧脸谱和京剧表演艺术一样，是和演员一起出现在戏剧舞台上的活的艺术。京剧脸谱是一种写意和夸张的艺术。在色彩上，现代京剧脸谱有红、紫、黑、白、蓝、绿、黄、金、银等颜色，用这些不同的颜色表现人物的不同性格，如红色表示忠勇，黑色表示正直，白色表示奸诈等。京剧脸谱的构图是多种多样的，共有十几种。每一种又有很多不同的勾画式样，使每个人物都有自己的个性。

京剧脸谱作为一种艺术，不仅和京剧表演联系在一起，而且还与中国传统绘画有十分密切的联系。中国画强调写意，"意存笔先，画尽意在"。人们在中国画中常可以看到，作者仅用简单的几个线条就可以表达很深的含义。这一点在京剧脸

reglas. En la ópera de Beijing, cada tipo de personajes tienen sus propias formas y colores de maquillaje.

Al igual que la actuación, el maquillaje de la ópera de Beijing forma parte del arte escénico junto con el actor. Es un arte expresivo e hiperbólico. En cuanto a la coloración, en el maquillaje moderno de esta ópera se emplean los colores rojo, violeta, negro, blanco, azul, verde, amarillo, dorado, plateado, etc. Los diferentes colores encarnan distintos caracteres de los personajes. Por ejemplo: El rojo simboliza la lealtad y valentía; el negro, la justicia y rectitud; el blanco, la deslealtad y alevosía. La composición del maquillaje es muy variada: tiene varias maneras de formarlo y cada manera se diversifica a su vez en muchos estilos. De este modo se caracteriza a cada figura teatral.

Siendo un arte, el maquillaje no sólo se relaciona con la representación de la ópera, sino que tiene también mucho que ver con la pintura tradicional china. Ésta última da mucho valor a la expresión del pensamiento, como se suele decir: "El pensamiento se concibe antes de empuñar el pincel y, una vez que se termine de pintar, queda expresado el pensamiento." Con frecuencia se puede ver en los cuadros tradicionales de China

谱中也有突出的表现。人的眼、眉、鼻等部位，用不同色彩的不同线条来勾画，就可以把各类人物的不同性格表现得淋漓尽致。所以，通过观察人物的脸谱，就可以知道这个角色的善恶、好坏。

京剧脸谱作为一种艺术，不仅出现在京剧舞台上，在绘画、服装、工艺品中也都可以见到，还有用京剧脸谱作图案的邮票。

que los pintores exteriorizan con unas sencillas líneas un profundo sentido. Esto también se manifiesta notablemente en el maquillaje de la ópera de Beijing. Pintando con distintos colores y líneas los ojos, las cejas y la nariz, se hace ver vívidamente la catadura de los diversos personajes. Así que, por medio del maquillaje de un papel, se puede saber si éste es bueno o malvado.

Como arte, el maquillaje de la ópera beijinesa no sólo se ve en el escenario, sino que también ha aparecido en algunos vestidos, se ha hecho con él pinturas y objetos artesanales e incluso se lo ha utilizado en el diseño de algunos sellos postales.

练 习 **Ejercicios**

一、听两遍录音后，填上下列句子中的拼音/*Escucha dos veces la grabación y luego completa en letras fonéticas las siguientes oraciones*

1. Zhè jǐ tiān, Běijīng de _____ dōu zài _____, nǐ qù mǎi shénme _____ le méiyǒu?

2. Míngpái _____ yě dǎzhé ma?

3. Mài dōngxi de rén _____ bǐ mǎi dōngxi de rén gèng _____, tāmen zhīdào zěnme ràng _____ duō huā qián.

4. Zài wǒmen _____, yìbān shāngdiàn _____ yǒu liǎng cì dǎzhé, dōngtiān shì _____ hé _____ qiánhòu, xiàtiān shì qī-bā yuèfèn.

二、听录音，然后复述所听内容/*Escucha la grabación y, luego, cuenta verbalmente el contenido*

三、替换练习/*Ejercicio de sustitución*

1. 我总是在打折的时候去买名牌。

他周末	要加班
我跟他谈过几次，他	不同意
不管天气怎样，他	坚持锻炼身体
我晚饭	回家吃
我爷爷每天早上	5点半起床
北京一到春天	刮风

2. 买吧，太贵了；不买吧，心里又很喜欢，所以每次我都趁打折的时候去买衣服。

去	路太远	不去	朋友会不高兴	我不知道怎么办才好
买	没有好票了	不买	又很想听这场音乐会	买不买可真难决定
住饭店	太贵了	住朋友家	怕麻烦别人	所以没决定住哪儿
当厨师	没有兴趣	开饭馆	觉得太累	他不知道要做什么

四、朗读下列短语/*Lee en voz alta los siguientes sintagmas*

可买的衣服	可看的东西	可参观的名胜	可去的地方
打折的时候	打折的服装	合适的衣服	合适的工作
一大堆东西	一大堆行李	一大堆人	
好几天	好几个人	春节前后	七八月份

五、说一说/*Presentación oral*

你喜欢什么时候、在什么情况下买衣服？你是在打折的时候去买吗？（说一段话，至少要五个句子）

¿En qué momentos o circunstancias te gusta ir a comprar prendas de vestir? ¿Vas a hacerlo en tiempos de rebajas? (Exprésate en un párrafo que conste al menos de cinco oraciones)

六、选择词语填空/*Selecciona palabras apropiadas para rellenar los espacios en blanco*

（总是、正、买不起、一般、平常、平时、趁、别提多高兴了）

1. 收到女朋友的信，他＿＿＿＿＿＿＿。
2. 晚饭后，他＿＿＿＿＿＿＿去公园散步。
3. 王玲想＿＿＿＿＿＿＿暑假的时候去青岛。
4. 因为＿＿＿＿＿＿＿没时间，他总是周末去看父母。
5. 他＿＿＿＿＿＿＿的时候都是自己做饭，很少去饭馆。
6. 我晚上＿＿＿＿＿＿＿都在家里看书。
7. 这么贵的东西我＿＿＿＿＿＿＿。
8. 我＿＿＿＿＿＿＿想去找你，你就来了。

七、用指定词语完成句子/*Completa las siguientes oraciones utilizando las palabras dadas*

1. 找到了自己喜欢的工作，他＿＿＿＿＿＿＿＿＿＿＿＿＿＿。
   （别提多……了）
2. 我总是周末的时候去看我父母，＿＿＿＿＿＿＿＿＿＿＿＿＿＿。（因为）

3. 打折的时候商店的人很多，＿＿＿＿＿＿＿＿＿＿＿＿＿＿＿＿＿＿＿。(所以)

4. 他什么运动都喜欢，＿＿＿＿＿＿＿＿＿＿＿＿＿＿＿＿。(比如)

5. ＿＿＿＿＿＿＿＿＿＿＿＿＿＿＿＿＿＿，他每天都坚持运动。(不管)

6. 如果明天天气好，＿＿＿＿＿＿＿＿＿＿＿＿＿＿＿＿＿。(就)

八、把下列句子翻译成汉语/*Traduce al chino las siguientes oraciones*

1. En Xi'an hay muchos lugares que merecen una visita.

2. En días normales no hay tiempo libre; por eso, quiero aprovechar este fin de semana para ir a ver a amigos.

3. Puede que no se logre comprar las entradas del concierto.

4. Sea factible o no, no estaría mal intentarlo.

5. A mis amigos les gusta ir a comprar trajes de marca en tiempos de descuento.

6. En nuestro país, los establecimientos comerciales tienen normalmente cada año dos períodos de rebajas: uno va alrededor de la Navidad y el Día de Año Nuevo, y otro en verano, entre julio y agosto.

课 文 Texto

我还得继续努力

（马丁和王大伟谈上海话）

马　丁：你听得懂外地人说话吗？

王大伟：除了北京话，哪儿的话我都听不懂。

马　丁：中国有哪些方言？

王大伟：中国的方言很复杂。简单地说，有七大方言，同一方言区内的语言还有很大的差别。

马　丁：四川话属于什么方言？

王大伟：四川话属于北方方言。

马　丁：上海话呢？

生 词

Palabras nuevas

外地（名）wàidì
(s.) *fuera de la población en que uno vive, tierra foránea*

方言（名）fāngyán
(s.) *dialecto*

复杂（形）fùzá
(adj.) *complejo, complicado*

区（名）qū
(s.) *región, zona*

内（名）nèi
(s.) *interior*

语言（名）yǔyán
(s.) *lenguaje, habla*

差别（名）chābié
(s.) *diferencia, diversidad*

属于（动）shǔyú
(v.) *pertenecer*

特别（副）tèbié
(adv.) *especialmente*

阿拉（代）ālā
(pron.) *"yo o nosotros" en el dialecto shanghainés*

侬（代）nóng
(pron.) *"tú" en el dialecto shanghainés*

王大伟：上海话属于吴方言。

马　丁：玛丽亚去过上海，她特别喜欢听上海话。

王大伟：她听得懂上海话？

马　丁：她一点儿也听不懂，只是觉得好听。

王大伟：上海话真有那么好听吗？我怎么不觉得？

马　丁：我觉得上海话还是挺好听的。

王大伟：上海人说话说得太快，我听他们说话，听了半天只知道他们在说"阿拉、阿拉"、"侬、侬"的，不明白是什么意思。

马　丁：你们中国人也听不懂？上海话的"阿拉"是"我、我们"的意思，"侬"是"你"的意思。

王大伟：你真行，到上海去了几天，连上海话也学会了。

马　丁：哪里！我就会这两个词。到外地去，听不懂方言真麻烦，跟别人交谈很费劲。

王大伟：那你怎么办？

行（形）xíng
(adj.) admirable, estupendo

哪里（代）nǎli
(pron.) ¡Qué va!

词（名）cí
(s.) palabra

交谈（动）jiāotán
(v.) conversar, hablar, tratar

费劲（动）fèijìn
(v.) dificultoso, costar trabajo

普通话（名）pǔtōnghuà
(s.) el habla común

遇到（动）yùdào
(v.) encontrar, tropezar

实在（副）shízài
(adv.) realmente ciertamente

不得不 bùdebù
verse obligado a

笔（名）bǐ
(s.) cualquier utensilio con que se escribe

可见（连）kějiàn
(conj.) de ahí se ve que...

继续（动）jìxù
(v.) seguir, continuar

马　丁：有些人会说普通话。遇到实在不会说普通话的人，我就不得不请他们用笔写下来，一看汉字我就明白了。

王大伟：可见你还挺有办法，汉语也学得不错。

马　丁：我还得继续努力。

Wǒ hái děi jìxù nǔlì

Mǎdīng:　　Nǐ tīng de dǒng wàidìrén shuōhuà ma?

Wáng Dàwěi: Chúle Běijīnghuà, nǎr de huà wǒ dōu tīng bu dǒng.

Mǎdīng:　　Zhōngguó yǒu nǎxiē fāngyán?

Wáng Dàwěi: Zhōngguó de fāngyán hěn fùzá. Jiǎndān de shuō, yǒu qī dà fāngyán, tóngyì fāngyánqū nèi de yǔyán hái yǒu hěn dà de chābié.

Mǎdīng:　　Sìchuānhuà shǔyú shénme fāngyán?

Wáng Dàwěi: Sìchuānhuà shǔyú Běifāng fāngyán.

Mǎdīng:　　Shànghǎihuà ne?

Wáng Dàwěi: Shànghǎihuà shǔyú Wú fāngyán.

Mǎdīng:　　Mǎlìyà qùguo Shànghǎi, tā tèbié xǐhuan tīng Shànghǎihuà.

Wáng Dàwěi: Tā tīng de dǒng Shànghǎihuà?

Mǎdīng:　　Tā yìdiǎnr yě tīng bu dǒng, zhǐshì

专　名

Nombres propios

吴　Wú
　　Wu

补充生词

Palabras suplementarias

农业（名）nóngyè
　　(s.) *agricultura*
配合（动）pèihé
　　(v.) *cooperar, colaborar*
联合（动）liánhé
　　(v.) *unirse, aliarse*
利益（名）lìyì
　　(s.) *interés, beneficio*
破坏（动）pòhuài
　　(v.) *destruir*

juéde hǎotīng.

Wáng Dàwěi:　Shànghǎihuà zhēn yǒu nàme hǎotīng ma? Wǒ zěnme bù juéde?

Mǎdīng:　Wǒ juéde Shànghǎihuà háishi tǐng hǎotīng de.

Wáng Dàwěi:　Shànghǎirén shuōhuà shuō de tài kuài, wǒ tīng tāmen shuōhuà, tīngle bàntiān zhǐ zhīdào tāmen zài shuō "ālā、ālā"、"nóng、nóng" de, bù míngbai shì shénme yìsi.

Mǎdīng:　Nǐmen Zhōngguórén yě tīng bu dǒng? Shànghǎihuà de "ālā" shì "wǒ、wǒmen" de yìsi, "nóng" shì "nǐ" de yìsi.

Wáng Dàwěi:　Nǐ zhēn xíng, dào Shànghǎi qùle jǐ tiān, lián Shànghǎihuà yě xuéhuì le.

Mǎdīng:　Nǎli! Wǒ jiù huì zhè liǎng gè cí. Dào wàidì qù, tīng bu dǒng fāngyán zhēn máfan, gēn biérén jiāotán hěn fèijìn.

Wáng Dàwěi:　Nà nǐ zěnme bàn?

Mǎdīng:　Yǒuxiē rén huì shuō pǔtōnghuà. Yùdào shízài bú huì shuō pǔtōnghuà de rén, wǒ jiù bùdebù qǐng tāmen yòng bǐ xiě xiàlai, yí kàn hànzì wǒ jiù míngbai le.

Wáng Dàwěi:　Kějiàn nǐ hái tǐng yǒu bànfǎ, Hànyǔ yě xué de búcuò.

Mǎdīng:　Wǒ hái děi jìxù nǔlì.

语言点　Cuestiones de lengua china

一、上海话真有那么好听吗

　　"有……吗"可以用来表示反问，句中通常有"那么、这么"与之呼应。例如：

　　"有……吗" puede emplearse para hacer interrogaciones adversativas, y en tales oraciones suele haber palabras correlativas "那么" o "这么". Por ejemplo:

　　1. 这个问题有那么难解决吗？

　　2. 有这么容易的事吗？

　　3. 这儿离车站有那么远吗？

二、我就不得不请他们用笔写下来

"不得不"是只好的意思，在句中充当状语。例如：

"不得不" quiere decir "no tener más remedio que..." y es modificador adverbial en las oraciones. Por ejemplo:

1. 我不懂西班牙语，不得不请翻译帮忙。
2. 我不得不把这个坏消息告诉他。
3. 他不得不去医院看病。

三、可见你还挺有办法

连词"可见"表示承接上文作出判断或结论。例如：

La conjunción "可见" significa "de ahí se puede ver que..." o "de ahí se puede inferir que...". Enlaza el texto anterior y expresa una opinión o deducción. Por ejemplo:

1. 可见，他这样做是对的。
2. 可见，没有别人帮助不行。
3. 可见你翻译得不错。

文化点 Cuestiones de la cultura china

中国概况

Geografía de China

中国位于东半球，地处亚洲东部、太平洋的西岸。陆地上有14个邻国，全国国土面积约960万平方公里（平方千米），是亚洲最大的国家。中国东西距离约5200公里（千米），南北距离约5500公里（千米）。北

China está situada en el hemisferio oriental de la Tierra, al Este de Asia y sobre la costa occidental del Pacífico. Tiene 14 países vecinos adyacentes y una superficie de alrededor de 9.600.000 kilómetros cuadrados, siendo por ello el país más grande de Asia. Su territorio mide, de Este a Oeste, sobre 5.200 kilómetros y, de Norte a Sur, alrededor de 5.500 kilómetros. Cuando la

方的黑龙江还在大雪纷飞时，南方的海南岛已经鲜花盛开了。

中国是世界上人口最多的国家，但人口分布不均匀，东部人口密度大，特别是东部沿海地区，每平方公里（平方千米）在400人以上。中国又是一个统一的多民族的国家，全国共有56个民族，汉族约占全国人口总数的91%，主要分布在东部。中国的地形西部高东部低，地形复杂。山地约占33%，高原约占26%，盆地约占19%，平原约占12%，丘陵约占10%。中国生物资源种类多，数量大。中国已发现矿产资源170多种，是目前世界上已知矿种比较齐全的少数国家之一。

provincia de Heilongjiang, del Norte, se halla cubierta de nieve, la isla de Hainan, en el Sur, ya entra en el verano.

China es el país más poblado del mundo, pero su distribución demográfica no está equilibrada. La población es más densa en su parte este y, sobre todo, en las zonas costeras del Este, donde cada kilómetro cuadrado está poblado por más de 400 personas. China es a la vez un país multiétnico unificado. Tiene en total 56 nacionalidades, de las cuales la nacionalidad han representa más o menos el 91% de la población global y vive principalmente en la parte Este. El territorio chino está inclinado del Oeste al Este y su configuración es variada. Las montañas ocupan sobre un 33%, las mesetas aproximadamente un 26%, las depresiones, un 19%, las llanuras alrededor de un 12% y las zonas cerrosas más o menos un 10%. China posee ricas variedades y grandes cantidades de recursos biológicos. Se han encontrado en su subsuelo 170 variedades de yacimientos minerales y es uno de los pocos países del mundo que cuentan con una serie más o menos completa de variedades de minerales conocidos hasta el presente por el ser humano.

练 习 Ejercicios

一、听两遍录音后，给下列词语填上声母/*Escucha dos veces la grabación y luego completa las letras fonéticas de las siguientes palabras agregándoles la parte consonántica*

1. _____āngyán
2. fù_____á
3. yǔ_____án
4. chā_____ié
5. _____iāo_____án

6. _____èijìn
7. _____ízài
8. pǔ_____ōng_____uà
9. _____ě_____iàn
10. jì_____ù

二、听录音，然后复述所听内容/*Escucha la grabación y, luego, cuenta verbalmente el contenido*

三、替换练习/*Ejercicio de sustitución*

1. 我不得不请他们用笔写下来。

我	同意他的意见
我们周末	加班
他	再去找别的工作
我	这样做
汽车坏了，我	走着来
开学以后，赵小英	回北京

2. (你请他们用笔写下来) 可见你还挺有办法。

电话没人接，	他不在家
她一点儿也不吃，	她不喜欢这个菜
你母亲这么晚打电话来，	有急事
连这么简单的字都不会写，	你没有好好准备
这本小说买的人很多，	它很受大家的欢迎
他考试考得这么好，	他学习很努力

四、朗读下列短语/ *Lee en voz alta los siguientes sintagmas*

继续努力	继续学习	继续坚持	继续联系
外地人	本地人	情况复杂	环境复杂
简单地说	生活简单	差别很大	有差别
挺好听	挺容易	北方方言	广东话
觉得好听	觉得很难	不觉得累	不觉得有意思

五、说一说/ *Presentación oral*

学习一门外语（比如汉语）时，你怎么提高你的听力水平？你有哪些方法？（说一段话，至少要五个句子）

Cuando estudias una lengua extranjera (por ejemplo el chino), ¿cómo mejoras tu comprensión auditiva? ¿Qué métodos adoptas? (Exprésate en un párrafo que conste al menos de cinco oraciones)

六、选择词语填空/ *Selecciona palabras apropiadas para rellenar los espacios en blanco*

（属于、不得不、行、继续、实在、只是、可见、交谈）

1. 这个电影有这么多人看，＿＿＿＿＿＿＿很有意思。
2. 你知道北京话＿＿＿＿＿＿＿什么方言吗？
3. 京剧我一句也不会唱，我＿＿＿＿＿＿＿喜欢听。
4. 我＿＿＿＿＿＿＿不喜欢住在这里，所以正准备搬家。
5. 菲利普常用汉语跟中国人＿＿＿＿＿＿＿。
6. 明年我＿＿＿＿＿＿＿在那家书店打工。
7. 你真＿＿＿＿＿＿＿！这么快就找到工作了。
8. 我想夏天去旅游，所以＿＿＿＿＿＿＿去打工赚钱。

七、把下列句子改成反问句/ *Convierte las siguientes oraciones en interrogativas adversativas*

1. 事情不会这么容易。
2. 上海话不是那么好听。

3. 他家离火车站并不远。

4. 今天天气不太冷。

5. 这个问题不难解决。

6. 汽车开得并不快。

八、把下列句子翻译成汉语/*Traduce al chino las siguientes oraciones*

1. Salvo Wang Ling y Zhao Xiaoying, no conozco a ninguna otra alumna.

2. La situación de aquí es muy compleja.

3. Este suceso nos ha conmovido realmente.

4. Hoy hace viento y, a la vez, llueve; el tiempo es realmente malo.

5. Él acaba de llegar hace poco pero ya ha hecho amistad con varias personas.

6. Ciertamente no entendía qué me estaba diciendo, no tuve más remedio que pedirle que me lo escribiera.

课　文　**Texto**

这倒是练习汉语的好机会

（马丁和王大伟在谈孔子）

王大伟：你去上海是坐火车还是坐飞机？

马　丁：坐火车。

王大伟：为什么不坐飞机？飞机快得多。

马　丁：就是坐火车也不慢呀，北京到上海五个多小时就到了。

王大伟：火车票好买吗？

马　丁：不好买，差点儿没买着。

王大伟：我不喜欢坐火车。我去旅游的时候，要么坐飞机去，要么自己开车去。你怎么喜欢坐火车呢？

生　词

Palabras nuevas

就是……也……

jiùshì…yě…

aun, incluso; aunque,
aun cuando

差点儿（副）chàdiǎnr
(adv.) por poco

要么……要么……

yàome…yàome…

o... o..., o bien... o
bien..., ya... ya...

经过（动）jīngguò
(v.) pasar por

故乡（名）gùxiāng
(s.) tierra natal

办（动）bàn
(v.) tratar, tramitar,
gestionar

关于（介）guānyú
(prep.) sobre

几乎（副）jīhū
(adv.) casi

伟大（形）wěidà
(adj.) grande, gran-
dioso

思想家（名）sīxiǎngjiā
(s.) pensador

教育家（名）jiàoyùjiā
(s.) pedagogo

马　丁：在火车上可以和中国人聊天，也可以看看风景。

王大伟：这倒是练习汉语的好机会。

马　丁：路上要经过曲阜，这是孔子的故乡，我很想下车去看看。

王大伟：那为什么不下去呢？

马　丁：这次没有时间，我要去上海办事。

王大伟：你对孔子很熟悉吧？

马　丁：谈不上熟悉，只是在西班牙我看过关于孔子的书。

王大伟：孔子在中国几乎人人都知道。外国人知道的多吗？

马　丁：知道的也不少。孔子是伟大的思想家和教育家，他的思想在中国影响很大，在世界上也很有影响。

王大伟：孔子的思想核心是"仁爱"，也就是爱别人。

马　丁：孔子很了不起，他的思想和学说流传了两千多年。

王大伟：这种影响恐怕是连孔子本人也想不到的。

思想 （名）sīxiǎng
(s.) pensamiento, mentalidad

影响 （名）yǐngxiǎng
(s.) influencia

世界 （名）shìjiè
(s.) mundo

核心 （名）héxīn
(s.) núcleo

仁爱 （名）rén'ài
(s.) benevolencia

了不起 （形）liǎobuqǐ
(adj.) extraordinario

学说 （名）xuéshuō
(s.) doctrina

流传 （动）liúchuán
(v.) transmitir, divulgar

本人 （代）běnrén
(pron.) uno mismo

专　名

Nombres propios

孔子　Kǒngzǐ
Confucio

曲阜　Qūfù
Qufu

Zhè dàoshì liànxí Hànyǔ de hǎo jīhuì

Wáng Dàwěi: Nǐ qù Shànghǎi shì zuò huǒchē háishi zuò fēijī?

Mǎdīng: Zuò huǒchē.

Wáng Dàwěi: Wèishénme bú zuò fēijī? Fēijī kuài de duō.

Mǎdīng: Jiùshì zuò huǒchē yě bú màn ya, Běijīng dào Shànghǎi wǔ gè duō xiǎoshí jiù dào le.

Wáng Dàwěi: Huǒchēpiào hǎo mǎi ma?

Mǎdīng: Bù hǎo mǎi, chàdiǎnr méi mǎizháo.

Wáng Dàwěi: Wǒ bù xǐhuan zuò huǒchē. Wǒ qù lǚyóu de shíhou, yàome zuò fēijī qù, yàome zìjǐ kāi chē qù. Nǐ zěnme xǐhuan zuò huǒchē ne?

Mǎdīng: Zài huǒchē shang kěyǐ hé Zhōngguórén liáotiān, yě kěyǐ kànkan fēngjǐng.

Wáng Dàwěi: Zhè dàoshì liànxí Hànyǔ de hǎo jīhuì.

Mǎdīng: Lù shang yào jīngguò Qūfù, zhè shì Kǒngzǐ de gùxiāng, wǒ hěn xiǎng xià chē qù kànkan.

Wáng Dàwěi: Nà wèishénme bú xiàqù ne?

Mǎdīng: Zhè cì méiyǒu shíjiān, wǒ yào qù Shànghǎi bàn shì.

Wáng Dàwěi: Nǐ duì Kǒngzǐ hěn shúxī ba?

补充生词

Palabras suplementarias

扑（动）pū
(v.) *lanzarse sobre, abalanzarse sobre*

普通（形）pǔtōng
(adj.) *común y corriente, general*

难受（形）nánshòu
(adj.) *indispuesto, disgustado, molesto*

签订（动）qiāndìng
(v.) *firmar*

区别（动、名）qūbié
(v., s.) *distinguir, discernir, diferenciar; distinción, diferencia*

Mǎdīng: Tán bu shàng shúxī, zhǐshì zài Xībānyá wǒ kànguo guānyú Kǒngzǐ de shū.

Wáng Dàwěi: Kǒngzǐ zài Zhōngguó jīhū rénrén dōu zhīdào. Wàiguórén zhīdào de duō ma?

Mǎdīng: Zhīdào de yě bù shǎo. Kǒngzǐ shì wěidà de sīxiǎngjiā hé jiàoyùjiā, tā de sīxiǎng zài Zhōngguó yǐngxiǎng hěn dà, zài shìjiè shang yě hěn yǒu yǐngxiǎng.

Wáng Dàwěi: Kǒngzǐ de sīxiǎng héxīn shì "rén'ài", yě jiù shì ài biérén.

Mǎdīng: Kǒngzǐ hěn liǎobuqǐ, tā de sīxiǎng hé xuéshuō liúchuánle liǎngqiān duō nián.

Wáng Dàwěi: Zhè zhǒng yǐngxiǎng kǒngpà shì lián Kǒngzǐ běnrén yě xiǎng bu dào de.

语言点　Cuestiones de lengua china

一、就是坐火车也不慢呀

　　"就是……也……"是个常用格式，是由连词"就是"和副词"也"组成的。用"就是"表示假设和让步。例如：

　　"就是……也……" es una fórmula usual, compuesta por la conjunción "就是" y el adverbio "也". Se emplea "就是" para expresar una concesión hipotética, con el significado de "aun cuando", "incluso". Por ejemplo:

1. 这衣服就是打折，我也不买。
2. 就是有困难，这任务也一定要完成。
3. 就是大家都同意，他也不会同意的。

二、差点儿没买着

　　副词"差点儿"表示某种事情接近实现或勉强实现。也说"差一点儿"。如果是说话的人希望实现的事情，说"差点儿"是未能实现，说"差点儿没"是终于勉强实现了。例如：

　　El adverbio "差点儿" indica que la acción estuvo a punto de realizarse o apenas se realizó. También se dice, en el mismo sentido, "差一点儿". Si se trata de algo que el hablante desea que se realizara, con "差点儿" da a entender que aquello no se materializó; de decir "差点儿没", que, por fin, a duras penas se hizo realidad. Por ejemplo:

1. 火车票我差点儿买着了。(没买着)
2. 火车票我差点儿没买着。(买着了)

如果是说话的人不希望实现的事情，说"差点儿"或"差点儿没"都是指事情接近实现而没有实现。例如：

Si se trata de algo que el hablante no desea que se llevara a cabo, tanto "差点儿" como "差点儿没" indican que aquello estuvo a punto de efectuarse pero, afortunadamente, no. Por ejemplo:

3. 我差点儿摔倒了。(没摔倒)
4. 我差点儿没摔倒。(没摔倒)

三、要么坐飞机去，要么自己开车去

连词"要么……要么……"表示两种情况或两种意愿的选择关系。例如：

La conjunción "要么……要么……" expresa la disyunción entre dos circunstancias o deseos. Por ejemplo:

1. 要么你来，要么我去，我们得见见面。
2. 要么到饭店去吃，要么自己做，你的意见呢?
3. 星期天要么去长城，要么去颐和园。

四、只是在西班牙我看过关于孔子的书

介词"关于"引进动作行为涉及的事物，组成介词结构作定语。例如：

La preposición "关于" sirve para introducir un tema relativo a la oración principal y forma con ella un sintagma preposicional. Éste último es modificador adjetival en las oraciones. Por ejemplo:

1. 关于旅行的事，都委托旅行社了。
2. 他写了两本关于中国经济的书。
3. 关于中国饮食文化的知识，马丁最有研究。

文化点 | Cuestiones de la cultura china

中国诗歌

　　在中国漫长的历史时期里，产生了许多优秀的作家和作品，其中诗歌创作的成就尤为突出。中国古代诗歌有很大数量是民歌，另一部分则是文人作品，它们汇集成一条滔滔的诗歌长河。

　　《诗经》是中国最早的一部诗集。大约是公元前11世纪至公元前6世纪时的作品，其中有一部分是采风得来的民歌，还有当时统治阶级的作品，诗歌形式以四言为主。它广泛地反映了当时的社会面貌和人民的生活、思想，对中国两千多年来的文学发展产生了巨大的影响，也是珍贵的古代史料。

　　两千多年以前，中国出现了第一个大诗人屈原，他的代表作《离骚》是中国古代最长的一首抒情诗，作者叙述了自己的家世、抱负、政治遭遇，抒发了强烈的爱

Poesías de China

En la larga historia de China han aparecido gran cantidad de escritores de mérito y excelentes obras literarias, entre las cuales se destacan especialmente las creaciones poéticas. En la antigüedad china, una gran parte de las composiciones poéticas eran canciones populares y el resto se debía a la creación de hombres de letras. Ambas partes conformaban el "largo y caudaloso río" de poemas que atravesaba nuestra historia.

El *Libro de las odas* es la primera colección de composiciones en verso de China. Son obras hechas aproximadamente en el período de los siglos XI-VI a. de C. Una parte de ellas eran canciones folklóricas recogidas de entre el pueblo y las demás eran creaciones de personas pertenecientes a las clases nobles de aquel entonces. Estilísticamente los versos son en su mayoría de cuatro palabras (caracteres). Reflejan en gran medida la fisonomía de la sociedad de entonces, así como la vida y la mentalidad del pueblo y son valiosos datos históricos sobre la antigüedad china. El *Libro de las odas* ha ejercido una influencia trascendental sobre el desarrollo literario de China en el transcurso de

国热情。诗人以优美的语言、丰富的想象,创造了鲜明的形象,对后世影响很大。

一千多年前的唐代是中国诗歌的黄金时代。据《全唐诗》记载,唐代共有两千五百多个诗人,留下了近五万首诗,其中如李白、杜甫、白居易等,都是具有世界声誉的大诗人。

más de dos mil años.

Hace dos mil años surgió en China el primer gran poeta Qu Yuan, cuya obra más representativa *Pena de la separación* es la poesía lírica más larga de la antigüedad china. El autor narró en ella su ilustre linaje, sus aspiraciones, sus vicisitudes en la carrera política y expresó su elevado entusiasmo patriótico. El gran poeta creó claras figuras con bello lenguaje y rica imaginación, lo que repercute considerablemente en la posteridad.

La dinastía Tang, hace hoy más de mil años, fue la edad de oro para las poesías de China. Conforme a datos registrados en *Poemas de toda la dinastía Tang*, en aquel período hubo más de 2.500 poetas, quienes dejaron cerca de 50.000 poesías. Li Bai, Du Fu, Bai Juyi y otros son destacados poetas de aquella época que hoy son famosos en todo el mundo.

练 习 Ejercicios

一、根据录音写出下列词语的拼音/Escribe en letras fonéticas las palabras que se escuchan en la grabación

1. _____
2. _____
3. _____
4. _____
5. _____

6. _____
7. _____
8. _____
9. _____
10. _____

二、听录音，然后复述所听内容/Escucha la grabación y, luego, cuenta verbalmente el contenido

三、替换练习/Ejercicio de sustitución

1. 就是<u>坐火车（去上海）</u>也<u>不慢</u>。

我母亲同意，我父亲	不会同意的
刮风下雨，他	去公园锻炼身体
周末，小刘	要去公司加班
小孩子	懂得这一点
走路，十分钟	能到
最冷的时候，他	不穿大衣

2. <u>我去旅游的时候，要么坐飞机去，要么自己开车去</u>。

下午有雨，	我们现在就走	今天就不去了
你	到我办公室来	就在家等我
我们	吃中国菜	吃日本菜
星期天马丁	看电视休息	跟朋友一起去吃饭聊天
怎么样都行，	你来	我去找你
我的意见是：你	学文学	学历史

四、朗读下列短语/_Lee en voz alta los siguientes sintagmas_

差点儿没迟到	差点儿迟到了	差点儿没有丢	差点儿丢了
关于孔子的书	关于这件事	关于健康问题	关于小区环境
快得多	慢得多	有影响	影响大
了不起	想不到	谈不上	

五、说一说/_Presentación oral_

你知道孔子吗? 请简单介绍一下孔子和他的思想。(说一段话,至少要五个句子)

¿Sabes algo de Confucio? Habla un poco de él y de sus doctrinas. (Exprésate en un párrafo que conste al menos de cinco oraciones)

六、选择词语填空/_Selecciona palabras apropiadas para rellenar los espacios en blanco_

(差点儿、影响、几乎、只是、谈不上、关于、还是、就是)

1. 我们是走路去＿＿＿＿＿＿骑自行车去?
2. 路不远,＿＿＿＿＿＿走着去十分钟也到了。
3. 王大伟＿＿＿＿＿＿没买到音乐会的票。
4. 我对他＿＿＿＿＿＿熟悉。
5. ＿＿＿＿＿＿这件事,你应该自己去找他谈一谈。
6. 我最近没见过他,＿＿＿＿＿＿给他打过几次电话。
7. 这件事＿＿＿＿＿＿人人都知道,你怎么不知道呢?
8. 母亲对我们的＿＿＿＿＿＿很大。

七、回答下列问题/_Responde a las siguientes preguntas_

1. 火车票很难买,我差点儿没买到。
   ——他买到火车票了吗?
2. 火车票我差点儿就买到了。
   ——他买到火车票了吗?
3. 赵小英差点儿忘了告诉王玲。
   ——赵小英告诉王玲了吗?

4. 赵小英差点儿没忘了告诉王玲。

 ——赵小英告诉王玲了吗？

5. 在地铁站，王大伟差点儿没认出马志强。

 ——王大伟认出马志强了吗？

6. 我差点儿把护照丢了。

 ——他把护照丢了吗？

八、把下列句子翻译成汉语/*Traduce al chino las siguientes oraciones*

1. ¿Vas a hacer el viaje turístico a China tú solo o junto con tus amigos?

2. Viajando en avión de Beijing a Shanghai sólo se tardan dos horas.

3. Cuando salgo en viaje turístico, me gusta tomar el tren, porque puedo conversar con la gente y ver el paisaje.

4. Por poco no logra comprar el billete de tren.

5. En China casi todos conocen la persona de Confucio.

6. Esta hermosa historia ya se ha divulgado más de mil años.

课 文 | Texto

再也没有比你更合适的了

（马丁和何塞谈当翻译的事）

马丁： 听说过几天西班牙的贸易代表团要来北京了。

何塞： 我刚接到通知，要延期了。

马丁： 怎么回事儿？

何塞： 情况有些变化，他们准备九月底十月初来。

马丁： 九月底十月初来更好，秋天是北京的黄金季节。

何塞： 他们那个时候来，一方面洽谈贸易，另一方面可以多参观游览一些

生 词

Palabras nuevas

翻译 （名）fānyì
　 (s.) traducir

贸易 （名）màoyì
　 (s.) comercio

代表团 （名）dàibiǎo-
　 tuán
　 (s.) delegación

接 （动）jiē
　 (v.) recibir

延期 （动）yánqī
　 (v.) aplazar, diferir

月底 （名）yuèdǐ
　 (s.) final de un mes

月初 （名）yuèchū
　 (s.) principio de un mes

秋天 （名）qiūtiān
　 (s.) otoño

黄金 （形）huángjīn
　 (adj.) oro

季节 （名）jìjié
　 (s.) estación

洽谈 （动）qiàtán
　 (v.) negociar, tratar

访问 （动）fǎngwèn
　 (v.) visitar

考察 （动）kǎochá
　 (v.) investigar

名胜古迹。

马丁：除了北京，他们还去别的地方吗？

何塞：他们还要去广州参观访问，考察一下当地的投资环境。

马丁：是不是要在广州投资办工厂？

何塞：听说是这样。代表团一来，我也就忙了。

马丁：为什么？

何塞：这次来的人多，缺翻译，让我去帮忙。

马丁：再也没有比你更合适的了。你熟悉贸易，又整天跟中国人打交道。

何塞：当翻译我还是第一次，我怕翻不好。

马丁：我想你没问题。

何塞：如果遇到中国人说的普通话不标准，带地方口音，我怕听不懂，翻译不了。

马丁：这也难怪，中国的方言本来就复杂。

何塞：所以我有些担心。

马丁：你也别太担心，即使有口音很重的，你也可以找别的中国人帮忙。

当地（名）dāngdì
(s.) de ese lugar, de la localidad; local

投资（动）tóuzī
(v.) invertir un capital, hacer una inversión

办（动）bàn
(v.) fundar, establecer

工厂（名）gōngchǎng
(s.) fábrica, planta

缺（动）quē
(v.) faltar

帮忙（动）bāngmáng
(v.) ayudar

打交道 dǎ jiāodào
tratarse con, tener contacto con

翻（动）fān
(v.) traducir

口音（名）kǒuyīn
(s.) acento

难怪（动）nánguài
(v.) no ser nada de extrañar; ser excusable, ser disculpable

本来（副）běnlái
(adv.) de por sí, en principio, originalmente

重（形）zhòng
(adj.) fuerte

何塞： 也只有这样了。我已经请人录了一些带广东口音的录音带，有空儿就听听。

马丁： 这个办法不错。

Zài yě méiyǒu bǐ nǐ gèng héshì de le

Mǎdīng: Tīngshuō guò jǐ tiān Xībānyá de màoyì dàibiǎotuán yào lái Běijīng le.

Hésài: Wǒ gāng jiēdào tōngzhī, yào yánqī le.

Mǎdīng: Zěnme huí shìr?

Hésài: Qíngkuàng yǒuxiē biànhuà, tāmen zhǔnbèi Jiǔyuèdǐ Shíyuèchū lái.

Mǎdīng: Jiǔyuèdǐ Shíyuèchū lái gèng hǎo, qiūtiān shì Běijīng de huángjīn jìjié.

Hésài: Tāmen nàge shíhou lái, yì fāngmiàn qiàtán màoyì, lìng yì fāngmiàn kěyǐ duō cānguān yóulǎn yìxiē míngshèng gǔjì.

Mǎdīng: Chúle Běijīng, tāmen hái qù biéde dìfang ma?

Hésài: Tāmen hái yào qù Guǎngzhōu cānguān fǎngwèn, kǎochá yíxià dāngdì de tóuzī huánjìng.

Mǎdīng: Shì bu shì yào zài Guǎngzhōu tóuzī bàn gōngchǎng?

Hésài: Tīngshuō shì zhèyàng. Dàibiǎotuán yì lái, wǒ yě jiù máng le.

Mǎdīng: Wèishénme?

录（动）lù
(v.) grabar

录音带（名）lùyīndài
(s.) cinta magnetofónica

专 名

Nombres propios

广州 Guǎngzhōu
Guangzhou

补充生词

Palabras suplementarias

前年（名）qiánnián
(s.) hace dos años

欠（动）qiàn
(v.) deber, adeudar

强大（形）qiángdà
(adj.) poderoso, potente

敲（动）qiāo
(v.) golpear, pegar; batir, tocar

亲戚（名）qīnqi
(s.) pariente

Hésài: Zhè cì lái de rén duō, quē fānyì, ràng wǒ qù bāngmáng.

Mǎdīng: Zài yě méiyǒu bǐ nǐ gèng héshì de le. Nǐ shúxī màoyì, yòu zhěngtiān
gēn Zhōngguórén dǎ jiāodào.

Hésài: Dāng fānyì wǒ háishi dì-yī cì, wǒ pà fān bu hǎo.

Mǎdīng: Wǒ xiǎng nǐ méi wèntí.

Hésài: Rúguǒ yùdào Zhōngguórén shuō de pǔtōnghuà bù biāozhǔn, dài
dìfāng kǒuyīn, wǒ pà tīng bu dǒng, fānyì bu liǎo.

Mǎdīng: Zhè yě nánguài, Zhōngguó de fāngyán běnlái jiù fùzá.

Hésài: Suǒyǐ wǒ yǒuxiē dānxīn.

Mǎdīng: Nǐ yě bié tài dānxīn, jíshǐ yǒu kǒuyīn hěn zhòng de, nǐ yě kěyǐ zhǎo
biéde Zhōngguórén bāngmáng.

Hésài: Yě zhǐyǒu zhèyàng le. Wǒ yǐjīng qǐng rén lùle yìxiē dài Guǎngdōng
kǒuyīn de lùyīndài, yǒukòngr jiù tīngting.

Mǎdīng: Zhège bànfǎ búcuò.

语言点 **Cuestiones de lengua china**

一、再也没有比你更合适的了

"再也没（有）"和"再也不"都可用来表示强调。例如：

Tanto "再也没（有）" como "再也不" se emplean para dar énfasis a lo que
dice la oración. Por ejemplo:

1. 我再也不想买了。

2. 毕业以后，我们再也没有见面。

3. 回国以后，我再也没去过西班牙。

二、这也难怪

动词"难怪"是不应当责怪的意思，含有谅解的意味。例如：

El verbo "难怪" quiere decir que no se debe reprochar a alguien, sino que se
le debe perdonar. Por ejemplo:

1. 这也难怪，别人没跟他说清楚。

2. 老人学普通话会有一些困难，也难怪。

三、中国的方言本来就复杂

副词"本来"的意思主要有：

El adverbio "本来" significa principalmente:

A. 表示按道理就应该这样。例如：

"De por sí", "originalmente". Significa que es lo más lógico actuar de esta forma. Por ejemplo:

1. 他病还没好，本来就不应该去上班。

2. 今天的作业本来就应该今天做完。

B. 表示原先、先前的意思。例如：

"Originalmente" o "en principio". Por ejemplo:

1. 我本来不知道，到了这里才听说的。

2. 我本来不认识她，是朋友介绍的。

3. 本来这儿没有桥。

文化点 **Cuestiones de la cultura china**

李时珍和他的《本草纲目》

Li Shizhen y su Compendio de medicina

李时珍是中国明代杰出的药物学家。他一生著书10种，其中以《本草纲目》最为著名，全书共52卷，载药1892种。《本草纲目》不仅对每种药物的性、味、产地、形态和采集方法等作了记述，而且对方剂配法和炮制过程也作了介绍。《本草

Li Shizhen fue un insigne farmacólogo de la dinastía Ming, de China. Escribió más de diez libros, de los cuales el más destacado es el *Compendio de medicina*, que contiene 52 volúmenes y registra 1.892 materiales medicinales. El *Compendio* no sólo ha consignado las propiedades, el sabor y olor, lugar originario, forma y recolección de cada material, sino que también ha expuesto el re-

纲目》是16世纪以前人民群众用药经验的理论总结，也是李时珍一生辛勤劳动的结晶。1578年成书以后，《本草纲目》很快就传到国外，后来被陆续翻译成日、法、德、英等多种文字，是世界医学史上的巨著。

cetario pertinente y el proceso de preparación. Se trata de un resumen teórico por el autor de las experiencias de las masas populares de antes del siglo XVI en el uso de fármacos, y es el brillante fruto del laborioso trabajo de Li Shizhen durante toda la vida. Después de que estuvo editado en 1578, el *Compendio* no tardó mucho en divulgarse en el extranjero y ha sido traducido poco a poco al inglés, el francés, el japonés, el alemán y otros idiomas. Es considerado una obra monumental en la historia medicinal del mundo.

练 习 Ejercicios

一、听录音跟读下列句子/*Lee en voz alta las oraciones de abajo siguiendo la grabación*

1. Tīngshuō guò jǐ tiān Xībānyá de màoyì dàibiǎotuán yào lái Běijīng le.

2. Qíngkuàng yǒuxiē biànhuà, tāmen zhǔnbèi Jiǔyuèdǐ Shíyuèchū lái.

3. Tāmen nàge shíhou lái, yì fāngmiàn qiàtán màoyì, lìng yì fāngmiàn kěyǐ duō cānguān yóulǎn yìxiē míngshèng gǔjì.

4. Tāmen hái yào qù Guǎngzhōu cānguān fǎngwèn, kǎochá yíxià dāngdì de tóuzī huánjìng.

5. Zhè yě nánguài, Zhōngguó de fāngyán běnlái jiù fùzá.

二、听录音，然后复述所听内容/*Escucha la grabación y, luego, cuenta verbalmente el contenido*

三、替换练习/*Ejercicio de sustitución*

1. <u>中国的方言</u>本来<u>就复杂</u>。

这个工作	就很忙
口语考试	就不容易
他的身体不好，	就不能上班
我们	不认识，是朋友介绍的
马志强	讨厌做饭，现在喜欢上这一行了
王大伟	不会踢足球，后来跟马丁学会了

2. <u>（当翻译）</u>再也<u>没有比你更合适的了</u>。

我上大学以后	没去过上海
毕业以后，我们	没联系过
我	不想看这本小说了
他	不会做这样的事了
我们	没有见过面
我	不相信他了

四、朗读下列短语/*Lee en voz alta los siguientes sintagmas*

谈工作	谈事情	当翻译	翻译工作
工作延期	音乐会延期	情况变化	天气变化
洽谈贸易	对外贸易	参观游览	考察访问
投资环境	工作环境	有口音	外地口音
缺少翻译	缺少经验	接到通知	

五、说一说/*Presentación oral*

你觉得自己适合做什么工作？为什么？（说一段话，至少要五个句子）
¿Para qué trabajo te crees idóneo? ¿Por qué? (Exprésate en un párrafo que conste al menos de cinco oraciones)

六、**选择词语填空**/*Selecciona palabras apropiadas para rellenar los espacios en blanco*

（再也没有、一月底、听说、黄金时间、整天、有口音、难怪、月）

1. 也 ＿＿＿＿＿＿＿他听不懂广东话，中国的方言太复杂了。

2. 何塞觉得，＿＿＿＿＿＿＿比马丁更合适的翻译了。

3. ＿＿＿＿＿＿＿他到北京去工作了。

4. 他们准备下个＿＿＿＿＿＿＿去旅游。

5. 晚上8点是电视节目的＿＿＿＿＿＿＿。

6. 代表团＿＿＿＿＿＿＿来，到时候我们就会更忙了。

7. 他说话＿＿＿＿＿＿＿，一听就知道是外地人。

8. 他＿＿＿＿＿＿＿跟法国人打交道，所以法语很好。

七、**用指定词语回答问题**/*Responde a las siguientes preguntas utilizando las palabras dadas*

1. 你看谁可以做这个工作？

＿＿＿＿＿＿＿＿＿＿＿＿＿＿＿。（再也没有）

2. 学校的运动会什么时候开？

＿＿＿＿＿＿＿＿＿＿＿＿＿＿＿。（延期）

3. 马丁找到工作了吗？

＿＿＿＿＿＿＿＿＿＿＿＿＿＿＿。（听说）

4. 你们什么时候放暑假？

＿＿＿＿＿＿＿＿＿＿＿＿＿＿＿。（……月初）

5. 几月份到北京旅游好？

＿＿＿＿＿＿＿＿＿＿＿＿＿＿＿。（黄金季节）

6. 何塞怎么听不懂广东话呢？

＿＿＿＿＿＿＿＿＿＿＿＿＿＿＿。（也难怪）

八、**把下列句子翻译成汉语**/*Traduce al chino las siguientes oraciones*

1. Acabo de recibir un mensaje: su visita e investigación van a aplazarse.

2. El otoño es la mejor estación de Beijing; si vienen ellos en esa temporada, mejor todavía.

3. Esta vez cuando vengan, quieren, por un lado, visitar unas fábricas y, por el otro, recorrer algunos lugares famosos por el paisaje o por su valor histórico de la localidad.

4. Dicen que la compañía ha decidido invertir en Guangzhou para establecer una fábrica.

5. Él es conocedor de aquí, no hay otra persona más adecuada que él.

6. Pienso que tú, de seguro, no tendrás problemas para servir de traductor.

课 文 Texto

去哪儿好呢?

（李芳约王玲周末去潭柘寺和戒台寺）

李芳： 王玲，你这个周末有什么安排?

王玲： 这两天很忙，我还没来得及考虑呢。

李芳： 我们一起去郊游吧?

王玲： 好的，周末该轻松两天了，去哪儿好呢?

李芳： 以前我们不是去颐和园，就是去北海、香山什么的，这次我们去郊区远一点儿的地方。

王玲： 我建议去潭柘寺和戒台寺。这两座寺庙的周围都是山，不但风景好，而且非常安静。

李芳： 你以前去过吗?

王玲： 没去过，我只听说潭柘寺年代很久远，历史要比北京城长得多，换句

生 词

Palabras nuevas

约（动）yuē
　(v.) citar, pedir

考虑（动）kǎolǜ
　(v.) pensar

郊游（动）jiāoyóu
　(v.) hacer una excursión campestre

不是……就是……
　bú shì…jiù shì…
　o bien... o bien...

建议（动）jiànyì
　(v.) proponer

座（量）zuò
　(clas. para montañas, edificios, etc.)

寺庙（名）sìmiào
　(s.) templo, santuario

山（名）shān
　(s.) monte, colina

安静（形）ānjìng
　(adj.) tranquilo

年代（名）niándài
　(s.) época, tiempo

久远（形）jiǔyuǎn
　(adj.) remoto, antiguo

城（名）chéng
　(s.) ciudad

话说，不是先有北京城，而是先有潭柘寺。

李芳： 这不太可能吧。

王玲： 难道你不相信？北京虽然早就有了，但北京作为首都只有八百多年的历史，潭柘寺早在一千七百多年以前就建成了。

李芳： 原来是这样。那戒台寺呢？

王玲： 戒台寺的古松很有名，有好几百年的历史了，品种也很多，在别的地方很难见到。

李芳： 这么说潭柘寺和戒台寺是非去不可了。

王玲： 那当然，否则会遗憾的。

李芳： 我们可以在那儿住一两天。

王玲： 我们约玛丽亚一起去，好吗？

李芳： 太好了，玛丽亚一定愿意去，我去告诉她。

Qù nǎr hǎo ne?

Lǐ Fāng:　Wáng Líng, nǐ zhège zhōumò yǒu shénme ānpái?

Wáng Líng:　Zhè liǎng tiān hěn máng, wǒ hái méi

换句话说 huàn jù huà shuō
en otras palabras, es decir

不是……而是……
bú shì…ér shì…
no... sino...

难道（副）nándào
(adv.) acaso

相信（动）xiāngxìn
(v.) creer

作为（动）zuòwéi
(v.) ser considerado como

首都（名）shǒudū
(s.) capital

建（动）jiàn
(v.) construir, edificar

古（形）gǔ
(adj.) antiguo

松（名）sōng
(s.) pino

品种（名）pǐnzhǒng
(s.) variedad, especie

非……不可 fēi…bùkě
haber de... necesaria-mente, ser indiscutible, ser innegable

否则（连）fǒuzé
(conj.) si no, de otro modo

遗憾（动）yíhàn
(v.) arrepentirse

láidejí kǎolǜ ne.

Lǐ Fāng: Wǒmen yìqǐ qù jiāoyóu ba?

Wáng Líng: Hǎode, zhōumò gāi qīngsōng liǎng tiān le, qù nǎr hǎo ne?

Lǐ Fāng: Yǐqián wǒmen bú shì qù Yíhé Yuán, jiù shì qù Běi Hǎi、Xiāng Shān shénmede, zhè cì wǒmen qù jiāoqū yuǎn yìdiǎnr de dìfang.

Wáng Líng: Wǒ jiànyì qù Tánzhè Sì hé Jiètái Sì. Zhè liǎng zuò sìmiào de zhōuwéi dōu shì shān, búdàn fēngjǐng hǎo, érqiě fēicháng ānjìng.

Lǐ Fāng: Nǐ yǐqián qùguo ma?

Wáng Líng: Méi qùguo, wǒ zhǐ tīngshuō Tánzhè Sì niándài hěn jiǔyuǎn, lìshǐ yào bǐ Běijīngchéng cháng de duō, huàn jù huà shuō, bú shì xiān yǒu Běijīng-chéng, ér shì xiān yǒu Tánzhè Sì.

Lǐ Fāng: Zhè bú tài kěnéng ba.

Wáng Líng: Nándào nǐ bù xiāngxìn? Běijīng suīrán zǎo jiù yǒu le, dàn Běijīng zuòwéi shǒudū zhǐyǒu bābǎi duō nián de lìshǐ, Tánzhè Sì zǎo zài yìqiān qībǎi duō nián yǐqián jiù jiànchéng le.

Lǐ Fāng: Yuánlái shì zhèyàng. Nà Jiètái Sì ne?

Wáng Líng: Jiètái Sì de gǔ sōng hěn yǒumíng, yǒu hǎojǐ bǎi nián de lìshǐ le, pǐnzhǒng yě hěn duō, zài biéde dìfang hěn nán

专　名

Nombres propios

潭柘寺 Tánzhè Sì
Templo de Tanzhe

戒台寺 Jiètái Sì
Templo de Jietai

颐和园 Yíhé Yuán
Yiheyuan (antiguo Pala-cio Imperial de Verano)

北海 Běi Hǎi
Beihai (antiguo Palacio Imperial de Invierno)

香山 Xiāng Shān
la Colina Perfumada

补充生词

Palabras suplementarias

请求 （动、名）qǐngqiú
(v.,s.) pedir, solicitar, rogar; petición, solicitud

取消 （动）qǔxiāo
(v.) cancelar, anular, liquidar, suprimir

全部 （名）quánbù
(s.) totalidad, conjunto

惹 （动）rě
(v.) provocar, despertar

热烈 （形）rèliè
(adj.) caluroso, cálido, efusivo

jiàndào.

Lǐ Fāng: Zhème shuō Tánzhè Sì hé Jiètái Sì shì fēi qù bùkě le.

Wáng Líng: Nà dāngrán, fǒuzé huì yíhàn de.

Lǐ Fāng: Wǒmen kěyǐ zài nàr zhù yì-liǎng tiān.

Wáng Líng: Wǒmen yuē Mǎlìyà yìqǐ qù, hǎo ma?

Lǐ Fāng: Tài hǎo le, Mǎlìyà yídìng yuànyì qù, wǒ qù gàosu tā.

语言点 **Cuestiones de lengua china**

一、以前我们不是去颐和园，就是去北海、香山什么的

"不是……就是……"这一格式用来连接两个同类或意义相关的词、词组或句子，组成表示选择关系的复句。意思是在两个同类或意义相关的事物中，必定有一个是符合事实的。例如：

La fórmula "不是……就是……" sirve para enlazar dos palabras, frases o suboraciones del mismo tipo o semánticamente relacionadas en la constitución de una oración compuesta de nexo disyuntivo. Indica que, entre las dos posibilidades de la disyunción, habrá necesariamente una que corresponda a la realidad. Por ejemplo:

1. 我明天不是9点就是10点，一定去找你。
2. 住在那儿很不方便，不是停电，就是停水。
3. 下班以后，他不是去饭店，就是去酒吧。

二、不是先有北京城，而是先有潭柘寺

"不是……而是……"这一格式用来连接两个相对或相反的成分，组成表示并列关系的复句。先在第一分句否定一种事实或情况，再在第二分句肯定另一种事实或情况。例如：

La fórmula "不是……而是……" se emplea para enlazar dos elementos opuestos en la constitución de una oración compuesta de nexo copulativo. En la primera suboración se niega una referencia o circunstancia y, después, en la segunda, se asevera otra referencia o circunstancia. Por ejemplo:

1. 这钱包不是我的，而是她的。

2. 今天不是他过生日，而是我过生日。

3. 这么漂亮的花不是买的，而是朋友送的。

三、难道你不相信

副词"难道"用来加强反问的语气。例如：

El adverbio "难道" sirve para reforzar el tono de una interrogación adversativa. Por ejemplo:

1. 这难道是真的？

2. 难道他不知道？

3. 别人能做到的，难道我们做不到？

四、这么说潭柘寺和戒台寺是非去不可了

"非……不可"是一个常用格式，由副词"非"和助词"不可"相呼应，表示强调事情必须是这样或一定会是这样。例如：

"非……不可" es una fórmula usual, en la que el adverbio "非" va en coordinación con la partícula expletiva "不可" para subrayar que el asunto tiene necesariamente que ser así o será infaliblemente así. Por ejemplo:

1. 北京烤鸭非吃不可。

2. 我看今天非下雨不可。

3. 这事非他去办不可。

文化点 **Cuestiones de la cultura china**

中国麻醉术的发明者 ——华佗

华佗是一千八百多年前东汉时期人们尊崇的一位名医。他自幼刻苦钻研医学，

Hua Tuo —el inventor chino de la anestesia

Hua Tuo fue un celebérrimo médico muy venerable en el período Donghan hace hoy más de 1.800 años. Se aplicó desde pequeño en estudiar la medicina y era versado tanto

内科、外科、妇科和儿科无不精通，尤其擅长外科，被称为"外科鼻祖"。

华佗是麻醉术的发明者，他总结了前人的经验，发明了"麻沸散"。华佗用这种麻醉药成功地进行过外科手术，病人服用后，便失去知觉，剖腹割背也不感到痛苦。可惜麻沸散的配制方法已经失传。

华佗也是中国医疗体育的创始人。他认为锻炼身体可以健身、防病、益寿。他模仿动物的动作编制了"五禽戏"。五禽戏流传很广，深受人们的欢迎。

en la medicina interna y la cirugía como en la ginecología y la pediatría. Destacó sobre todo en la cirugía y es considerado "el padre de esta rama de la ciencia médica".

Hua Tuo fue el inventor de la anestesia. El, resumiendo las experiencias de sus antecesores, creó una especie de polvo narcótico y lo denominó "Mafeisan". Lo utilizó en sus operaciones quirúrgicas y surtió efecto. Al tomarlo, los pacientes perdían el conocimiento y no sentían dolor aunque se les abriese el vientre u operase la espalda. Pero desgraciadamente la receta del Mafeisan ya se perdió.

Hua Tuo es también el fundador del deporte terapéutico. Sostenía que el entrenamiento físico podía fortalecer la salud, preservar de enfermedades y prolongar la vida. Imitando movimientos de fieras y aves creó el ejercicio de "Juegos de cinco animales", el cual fue muy bien acogido por el pueblo y se divulgó ampliamente.

练 习 Ejercicios

一、听两遍录音后，给下列句子标上声调/Escucha dos veces la grabación y luego marca los tonos de las palabras de las siguientes oraciones

1. Ni zhege zhoumo you shenme anpai?
2. Zhe liang zuo simiao de zhouwei dou shi shan, budan fengjing hao, erqie feichang anjing.
3. Zheme shuo Tanzhe Si he Jietai Si shi fei qu buke le.

二、听录音，然后复述所听内容/Escucha la grabación y, luego, cuenta verbalmente el contenido

三、替换练习/Ejercicio de sustitución

1. <u>以前我们不是去颐和园</u>，就是<u>去北海、香山什么的</u>，这次我们去郊区远一点的地方。

周末我们	在家休息	去看父母
这里的衣服	太贵	不好看
最近天气很不好，	刮风	下雨
我的旗袍	大	小，都不合适
下班以后，他	跟朋友喝酒	去看电影
一到暑假，赵小英	去青岛	去上海

2. <u>（从时间上说，）</u>不是<u>先有北京城</u>，而是<u>先有潭柘寺</u>。

每天下班后，他	回家	跟朋友一起去喝酒
我不买，	觉得贵	觉得颜色不好
	我不给她打电话	她不让我打
赵小英	要去青岛	要去上海
他没钱的时候，	向父母借	向朋友借
这道菜	他做的	我做的

3. 潭柘寺和戒台寺是非去不可(了)。

这件事我	说
他	和那个姑娘结婚
我们	去长城游览
何塞和明子	买房子
我	学会广东话
看样子	下雨

四、朗读下列短语/*Lee en voz alta los siguientes sintagmas*

安排工作	安排时间	有安排	安排好
考虑别人	没有考虑	提建议	一个好建议
两座寺庙	一座山	一座高楼	一座新建筑
学校周围	车站周围	年代久远	时间久远
相信朋友	相信自己	品种多	新品种
很遗憾	没有遗憾	约朋友	约时间

五、说一说/*Presentación oral*

你所在的城市有什么名胜古迹? 这个城市的郊区有什么可玩的地方? (说一段话，至少要五个句子)

¿Qué lugares pintorescos y de valor histórico tiene la ciudad en que vives? ¿Qué sitios de valor turístico hay en las afueras de la ciudad? (Exprésate en un párrafo que conste al menos de cinco oraciones)

六、选择词语填空/*Selecciona palabras apropiadas para rellenar los espacios en blanco*

(约、建议、建、作为、有、难、安排、遗憾)

1. 这件事情我已经都_____好了。
2. 你们这个暑假_____什么安排吗?
3. _____你的朋友，我非说这句话不可。
4. 你应该试一试，否则会_____的。

5. 去郊游你＿＿＿＿＿＿＿＿＿了王大伟没有？

6. 这里要＿＿＿＿＿＿＿＿＿一座桥。

7. 他最近忙极了，朋友们很＿＿＿＿＿＿＿＿＿见到他。

8. 关于这件事，你有什么＿＿＿＿＿＿＿＿＿没有？

七、把下列句子改为使用副词"难道"的反问句/*Convierte las siguientes oraciones en interrogaciones adversativas en que se emplee el advervio* "难道"

1. 他毕业后一直没见过爱琳娜。

2. 王玲不相信这件事情。

3. 玛丽亚还没有找到工作。

4. 你真的不喜欢吃烤鸭吗？

5. 他怎么不知道我的电话号码？

6. 他说的话不对吗？

八、把下列句子翻译成汉语/*Traduce al chino las siguientes oraciones*

1. María nos cita para hacer una excursión campestre en el fin de semana.

2. Propongo que vayamos juntos a un concierto de música china.

3. Aún no dispongo de tiempo para pensar qué voy a hacer en este fin de semana.

4. Aquí el paisaje es maravilloso y, además, reina una absoluta tranquilidad.

5. Este edificio tiene ya una historia de centenares de años.

6. Dicho en otra forma, no es que yo no quiera ir, sino que mi mujer no aprueba que vaya.

课文 Texto

不会把你落下的

（玛丽亚、李芳和王玲三人在闲谈）

玛丽亚：这儿的环境太好了，空气真新鲜，风景也很美。

李　芳：城市里很少能有这么新鲜的空气。

玛丽亚：这就是远离城市的好处。

王　玲：潭柘寺是一座千年古寺，远离城市，四面都有山，建筑保存得很好。戒台寺至今也有一千三百多年的历史了，寺里的古树也至少五六百年了吧。

李　芳：特别是那些古松千姿百态。

玛丽亚：我都快被这里的古松给迷住了。

李　芳：玩了一天，快累死了，吃完晚

生词

Palabras nuevas

闲谈（动）xiántán
(v.) charlar

新鲜（形）xīnxiān
(adj.) fresco

寺（名）sì
(s.) templo

四面（名）sìmiàn
(s.) los cuatro lados

建筑（名）jiànzhù
(s.) edificio

保存（动）bǎocún
(v.) conservar

至今（副）zhìjīn
(adv.) hasta hoy

树（名）shù
(s.) árbol

千姿百态 qiānzī-bǎitài
de mil y una formas

迷（动）mí
(v.) fascinar, hechizar, embelesar

死（形）sǐ
(adj.) muerto

晚饭（名）wǎnfàn
(s.) cena

保龄球（名）bǎolíngqiú
(s.) juego de bolos, bowling

饭，别去打保龄球了，还是好好休息休息，准备明天爬山。

王　玲：好不容易才出来玩一次，我还是想去打保龄球，哪怕累一点儿也要玩个痛快。

玛丽亚：想不到旅馆里还能打保龄球呢，我已经好久没打了。

王　玲：那咱们俩去打保龄球。

李　芳：这宾馆的条件相当不错，可以游泳、洗桑拿和泡温泉。

玛丽亚：打完球，再泡个温泉，舒舒服服睡一觉。

李　芳：我就不陪你们了。你们也别搞得太疲劳，否则明天要爬不动的。

玛丽亚：不会的，在西班牙我常去爬山，爬山是一项很好的运动，既可锻炼身体，又能锻炼意志。

王　玲：我没爬山的经验，这里的山好爬吗？

玛丽亚：这里的山不太高，不难爬。不过我觉得你的鞋不适合爬山，如果鞋不合适，爬起山来就麻烦了。

爬（动）pá
(v.) escalar, trepar

好不容易 hǎobù róngyì
costar mucho trabajo

哪怕……也…… nǎpà…
yě…
aunque, siquiera

痛快（形）tòngkuài
(adj.) a nuestras anchas

旅馆（名）lǚguǎn
(s.) hostal

宾馆（名）bīnguǎn
(s.) hotel

相当（副）xiāngdāng
(adv.) bastante

桑拿（名）sāngná
(s.) sauna

泡 pào
(v.) bañarse

温泉（名）wēnquán
(s.) fuente termal

球（名）qiú
(s.) globo, pelota, bola

搞（动）gǎo
(v.) actuar, obrar

疲劳（形）píláo
(adj.) cansado, fatigado

项（量）xiàng
(clas. para cosas que resultan de una encasi-llación)

王　玲：我还准备了一双鞋。

玛丽亚：那你明天跟在我后面就行了，不
　　　　会把你落下的。

Bú huì bǎ nǐ làxia de

Mǎlìyà:	Zhèr de huánjìng tài hǎo le, kōngqì zhēn xīnxiān, fēngjǐng yě hěn měi.
Lǐ Fāng:	Chéngshì li hěn shǎo néng yǒu zhème xīnxiān de kōngqì.
Mǎlìyà:	Zhè jiù shì yuǎnlí chéngshì de hǎochu.
Wáng Líng:	Tánzhè Sì shì yí zuò qiān nián gǔ sì, yuǎnlí chéngshì, sìmiàn dōu yǒu shān, jiànzhù bǎocún de hěn hǎo. Jiètái Sì zhìjīn yě yǒu yìqiān sānbǎi duō nián de lìshǐ le, sì li de gǔ shù yě zhìshǎo wǔ-liùbǎi nián le ba.
Lǐ Fāng:	Tèbié shì nàxiē gǔ sōng qiānzī-bǎitài.
Mǎlìyà:	Wǒ dōu kuài bèi zhèli de gǔ sōng gěi mízhù le.
Lǐ Fāng:	Wánle yì tiān, kuài lèisǐ le, chīwán wǎnfàn, bié qù dǎ bǎolíngqiú le, háishi hǎohǎo xiūxi xiūxi, zhǔnbèi míngtiān pá shān.
Wáng Líng:	Hǎobù róngyì cái chūlái wán yí cì, wǒ háishi xiǎng qù dǎ bǎolíngqiú, nǎpà lèi yìdiǎnr yě yào wán gè tòngkuài.
Mǎlìyà:	Xiǎng bu dào lǚguǎn li hái néng dǎ

既……又…… jì…yòu…
tanto... como..., tan... como...

意志（名）yìzhì
(s.) carácter, espíritu

适合（动）shìhé
(v.) adecuado, apropiado

双（量）shuāng
(clas.) par

跟（动）gēn
(v.) seguir

落（动）là
(v.) perder, dejar rezagado a uno

补充生词

Palabras suplementarias

群众（名）qúnzhòng
(s.) masas populares

情绪（名）qíngxù
(s.) ánimo, estado de ánimo

亲自（副）qīnzì
(adv.) personalmente

前途（名）qiántú
(s.) porvenir, futuro

确定（动）quèdìng
(v.) determinar, fijar

bǎolíngqiú ne, wǒ yǐjīng hǎojiǔ méi dǎ le.

Wáng Líng: Nà zánmen liǎ qù dǎ bǎolíngqiú.

Lǐ Fāng: Zhè bīnguǎn de tiáojiàn xiāngdāng búcuò, kěyǐ yóuyǒng、xǐ sāngná

        hé pào wēnquán.

Mǎlìyà: Dǎwán qiú, zài pào gè wēnquán, shūshu-fúfu shuì yí jiào.

Lǐ Fāng: Wǒ jiù bù péi nǐmen le. Nǐmen yě bié gǎo de tài píláo, fǒuzé míngtiān

        yào pá bu dòng de.

Mǎlìyà: Bú huì de, zài Xībānyá wǒ cháng qù pá shān, pá shān shì yí xiàng

        hěn hǎo de yùndòng, jì kě duànliàn shēntǐ, yòu néng duànliàn yìzhì.

Wáng Líng: Wǒ méi pá shān de jīngyàn, zhèli de shān hǎo pá ma?

Mǎlìyà: Zhèli de shān bú tài gāo, bù nán pá. Búguò wǒ juéde nǐ de xié bú

        shìhé pá shān, rúguǒ xié bù héshì, pá qǐ shān lai jiù máfan le.

Wáng Líng: Wǒ hái zhǔnbèile yì shuāng xié.

Mǎlìyà: Nà nǐ míngtiān gēn zài wǒ hòumian jiù xíng le, bú huì bǎ nǐ làxia de.

语言点   Cuestiones de lengua china

一、好不容易才出来玩一次

    副词"好不"用在某些双音节形容词的前面表示程度深，带感叹语气。跟副词"好"的意思一样，可以替换。用"好"或"好不"所表示的意思都是肯定的，只有在"容易"前面，用"好"或"好不"意思都是否定的。"好不容易才出来玩一次"是"很不容易出来玩一次"的意思。例如：

    El adverbio "好不", colocado delante de algunos adjetivos disílabos, intensifica el grado de la cualidad que ellos representan y se dice con un tono exclamativo. Expresa lo mismo el simple adverbio "好" y puede sustituirlo sin que cambie el sentido, el cual es afirmativo, sea que se emplee "好" o "好不" con excepción del adjetivo "容易", ante el cual tanto el uno como el otro indican negación. "好不容易才出来玩一次" equivale a "很不容易出来玩一次". Por ejemplo:

1. 我好不容易买到了这本书。（很不容易）

2. 我好容易才找到他。（很不容易）

3. 那儿好不热闹。（很热闹）

4. 这个地方好漂亮。（很漂亮）

二、哪怕累一点儿也要玩个痛快

"哪怕……也……"是由连词"哪怕"和副词"也"组成的。"哪怕"姑且承认某种假设的事实，然后由"也"强调所产生的结果全都是这样，没有例外。例如：

"哪怕……也……" está constituido por la conjunción "哪怕 (aun cuando)" y el adverbio "也 (de todas formas)". Con "哪怕" se da por aceptada provisionalmente cierta hipótesis y, luego, con "也" se subraya que, aun así, la acción se realizará o el resultado no cambiará. Por ejemplo:

1. 今天我哪怕不睡觉也要把文章写出来。

2. 哪怕下雨我也要去。

3. 只要他同意，哪怕晚两天完成也可以。

三、这宾馆的条件相当不错

副词"相当"表示程度高，但略低于"很"表示的程度。例如：

El adverbio "相当" indica que el grado de cierta cualidad es considerable, pero el grado que expresa es un poco inferior al de "很". Por ejemplo:

1. 他的英语水平相当高。

2. 他讲的故事相当有意思。

3. 你的听力相当不错，说的能力还需要提高。

文化点 Cuestiones de la cultura china

汉语成语

　　成语作为汉语词汇的重要组成部分，以它所具有的独特的表现力而被广泛地使用。不论是口语还是书面语，都是这样。

　　汉语成语浩如烟海，是人们长期以来习用的、简洁精辟的定型词组或短句。汉语的成语大多由四个字组成，一般都有出处。有些成语从字面上不难理解，如"小题大做"、"后来居上"等。有些成语必须知道来源或典故才能懂得意思，如"守株待兔"、"杯弓蛇影"等。

Los chengyu; frases hechas del chino

La lengua china no sólo tiene un rico vocabulario, sino también abundantes expresiones, de las cuales forman parte importante las frases hechas "*chengyu*", que son ampliamente usadas por su expresividad particular. Tanto es así en el lenguaje hablado como en el escrito.

Existe una infinidad de *chengyu*, que son sintagmas o proposiciones de estructura concisa y fija cuyo uso es ya habitual entre las gentes durante largo tiempo. Las frases hechas, *chengyu*, del chino se componen en su mayoría de cuatro palabras (caracteres) y tienen generalmente una historia. Algunas pueden entenderse literalmente, como por ejemplo: 小题大做 (armar un alboroto sobre un asunto de poca monta), 后来居上 (los que vienen después toman la delantera), etc. Otras difícilmente se acaban de entender salvo que se conozca su procedencia o la alusión histórica o literaria. Ejemplos de éstas últimas son 守株待兔 (permanecer junto a un árbol esperando a que una liebre se estrelle contra el tronco), 杯弓蛇影 (tomar por la imagen de una serpiente la silueta de un arco que se proyecta en una copa), etc.

练 习 **Ejercicios**

一、**听两遍录音后，给下列词语填上韵母**/*Escucha dos veces la grabación y luego completa las letras fonéticas de las siguientes palabras agregándoles la parte vocálica*

1. x_____x_____
2. jiànzh_____
3. bǎoc_____
4. zhìj_____
5. zhìsh_____

6. q_____z_____-b_____t_____
7. tòngk_____
8. b_____guǎn
9. wēnq_____
10. yìzh_____

二、**听录音，然后复述所听内容**/*Escucha la grabación y, luego, cuenta verbalmente el contenido*

三、**替换练习**/*Ejercicio de sustitución*

1. 哪怕<u>累一点儿</u>也要<u>玩个痛快</u>。

刮风下雨，他	坚持每天散步
再便宜，我	不买
两天不睡觉	要把本书翻译完
打个电话	好
天气不好	要去
你们都不去，我一个人	要去

2. <u>这宾馆的条件</u>相当<u>不错</u>。

今天的天气	冷
马丁的汉语水平	高
北京的房子	贵
这个电影	有意思
他学习	努力
我对这里	熟悉

四、朗读下列短语/*Lee en voz alta los siguientes sintagmas*

空气新鲜	觉得新鲜	至少三天	至少一千多
保存得很好	保存下来	保存至今	从古至今
风景迷人	迷住	累死	高兴死
爬山	爬长城		
相当痛快	相当复杂	相当困难	
觉得疲劳	觉得累	觉得难	
住旅馆	一家旅馆	洗桑拿	泡温泉
一棵树	打保龄球	适合自己	搞好

五、说一说/*Presentación oral*

你喜欢什么运动？这项运动有什么好处？（说一段话，至少要五个句子）

¿Qué deporte te gusta? ¿Qué ventajas tiene este deporte? (Exprésate en un párrafo que conste al menos de cinco oraciones)

六、选择量词填空/*Selecciona clasificadores apropiados para rellenar los espacios en blanco*

（块、座、件、封、堆、个、双、家）

1. 昨天我去买了一_____运动鞋。
2. 这_____宾馆的条件相当不错。
3. 我们这_____小区里有超市和银行。
4. 这里准备再建一_____桥。
5. 你能把你那_____红色的旗袍借给我吗？
6. 我想送给女朋友一_____手表。
7. 李芳趁打折的时候买了一大_____东西。
8. 我给你写过三_____信，难道你都没收到？

七、用指定词语改写句子/*Reescribe las siguientes oraciones utilizando las palabras que van entre los paréntesis*

1. 我买到这本书很不容易。

_____。（好不容易）

_____。（好容易）

2. 即使工作再忙，他也坚持锻炼身体。

_____。(哪怕……也……)

3. 这里的房子就是便宜，我也不会租。

_____。(哪怕……也……)

4. 今天工作太多，我累得不得了。

_____。(……死)

5. 这件衣服看起来很不错。

_____。(相当)

6. 他看起来有六十多岁了。

_____。(至少)

八、把下列句子翻译成汉语／*Traduce al chino las siguientes oraciones*

1. Las construcciones antiguas de esta pequeña ciudad se conservan perfectamente.

2. No es fácil que salgamos a divertirnos una vez, hemos de pasarlo en grande.

3. No sospechaba que hubiese aquí fuente termal, hace ya tiempo que no tomo baños termales.

4. Creo que no te conviene hacer este trabajo.

5. No os fatiguéis demasiado; pues si no, no podréis trabajar mañana.

6. Escalar montañas es un deporte muy bueno, que sirve tanto para fortalecer la salud como para forjar la voluntad.

第二十二课 Lección 22

课 文 Texto

这是个好现象

（玛丽亚和马丁谈环保问题）

马　丁：玛丽亚，听说周末你们去度假了？

玛丽亚：我们在北京郊区过了一个很有意思的周末。

马　丁：你们爬山了吗？

玛丽亚：爬了，那儿的山不太高，可是景色很美。我们几个人都玩得不想回来了。

马　丁：这叫流连忘返，这跟我打网球一样，常常是打着打着，就忘了时间，忘了回家。

玛丽亚：那里环境清净，空气新鲜。如果可能的话，我就想在那儿住一辈子。

马　丁：郊区环境比城市好。城市里污染

生 词

Palabras nuevas

环保（名）huánbǎo
(s.) protección ambiental

度假（动）dùjià
(v.) pasar las vacaciones

流连忘返 liúlián-wàngfǎn
divertirse tanto que uno se olvida de volver a casa

清净（形）qīngjìng
(adj.) tranquilo, silencioso

一辈子（名）yíbèizi
(s.) toda la vida, el resto de la vida

污染（动）wūrǎn
(v.) contaminar

严重（形）yánzhòng
(adj.) grave

垃圾（名）lājī
(s.) basura

缘故（名）yuángù
(s.) causa, porqué

普遍（形）pǔbiàn
(adj.) general, sin excepción

比较严重，中国是这样，西班牙也是这样。

玛丽亚：这是因为城市里人多、车多、垃圾多的缘故。

马　丁：城市普遍受到了污染，但污染的程度不一样，有的轻一些，有的重一些。

玛丽亚：环境污染是个全球性的问题，我越来越觉得保护环境很重要。

马　丁：是的，环境保护关系到人们的生活质量。

玛丽亚：这个问题到底什么时候才能真正解决呢？

马　丁：真正解决这个问题需要世界各国的共同努力。

玛丽亚：也需要我们每一个人真正行动起来。

马　丁：但是这个问题不是一天两天就能解决的。

玛丽亚：好在人们的环保意识正在逐步提高，人们越来越重视环境保护了。

马　丁：这是个好现象。

受（动）shòu
(v.) sufrir

程度（名）chéngdù
(s.) grado

轻（形）qīng
(adj.) leve, ligero

全球（名）quánqiú
(s.) todo el globo terestre

性（名）xìng
(s.) carácter, orden

保护（动）bǎohù
(v.) proteger

关系（动）guānxi
(v.) concernir, afectar

人们（名）rénmen
(s.) gente

质量（名）zhìliàng
(s.) calidad

真正（形）zhēnzhèng
(adj.) verdadero

解决（动）jiějué
(v.) solucionar, resolver

共同（副）gòngtóng
(adv.) entre todos

行动（动）xíngdòng
(v.) obrar, ponerse en acción

好在（副）hǎozài
(adv.) afortunadamente, menos mal

Zhè shì gè hǎo xiànxiàng

Mǎdīng: Mǎlìyà, tīngshuō zhōumò nǐmen qù dùjià le?

Mǎlìyà: Wǒmen zài Běijīng jiāoqū guòle yí gè hěn yǒu yìsi de zhōumò.

Mǎdīng: Nǐmen pá shān le ma?

Mǎlìyà: Pá le, nàr de shān bú tài gāo, kěshì jǐngsè hěn měi. Wǒmen jǐ gè rén dōu wán de bù xiǎng huílái le.

Mǎdīng: Zhè jiào liúlián-wàngfǎn, zhè gēn wǒ dǎ wǎngqiú yíyàng, chángcháng shì dǎzhe dǎzhe, jiù wàngle shíjiān, wàngle huí jiā.

Mǎlìyà: Nàli huánjìng qīngjìng, kōngqì xīnxiān. Rúguǒ kěnéng dehuà, wǒ jiù xiǎng zài nàr zhù yíbèizi.

Mǎdīng: Jiāoqū huánjìng bǐ chéngshì hǎo. Chéngshì li wūrǎn bǐjiào yánzhòng, Zhōngguó shì zhèyàng, Xībānyá yě shì zhèyàng.

Mǎlìyà: Zhè shì yīnwèi chéngshì li rén duō、chē duō、lājī duō de yuángù.

Mǎdīng: Chéngshì pǔbiàn shòudàole wūrǎn, dàn wūrǎn de chéngdù bù yíyàng, yǒude qīng yìxiē, yǒude zhòng yìxiē.

Mǎlìyà: Huánjìng wūrǎn shì gè quánqiúxìng de wèntí, wǒ yuèláiyuè juéde bǎohù huánjìng hěn zhòngyào.

Mǎdīng: Shìde, huánjìng bǎohù guānxi dào rénmen de shēnghuó zhìliàng.

意识 （名）yìshí
(s.) conciencia

逐步 （副）zhúbù
(adv.) gradualmente

提高 （动）tígāo
(v.) elevarse

重视 （动）zhòngshì
(v.) dar importancia a...

现象 （名）xiànxiàng
(s.) fenómeno

补充生词
Palabras suplementarias

热爱 （动）rè'ài
(v.) amar con pasión

亲切 （形）qīnqiè
(adj.) cariñoso, cordial

取 （动）qǔ
(v.) tomar, sacar

巧妙 （形）qiǎomiào
(adj.) ingenioso, hábil

买卖 （名）mǎimai
(s.) compraventa, negocio

Mǎlìyà: Zhège wèntí dàodǐ shénme shíhou cái néng zhēnzhèng jiějué ne?

Mǎdīng: Zhēnzhèng jiějué zhège wèntí xūyào shìjiè gè guó de gòngtóng nǔlì.

Mǎlìyà: Yě xūyào wǒmen měi yí gè rén zhēnzhèng xíngdòng qǐlai.

Mǎdīng: Dànshì zhège wèntí bú shì yì tiān liǎng tiān jiù néng jiějué de.

Mǎlìyà: Hǎozài rénmen de huánbǎo yìshí zhèngzài zhúbù tígāo, rénmen yuè-
láiyuè zhòngshì huánjìng bǎohù le.

Mǎdīng: Zhè shì gè hǎo xiànxiàng.

语言点 **Cuestiones de lengua china**

一、常常是打着打着，就忘了时间

某些单音节动词加"着"可以重叠使用，表示在动作进行中出现了新情况。例如：

Algunos verbos monosílabos, combinándose con "着", pueden emplearse en forma repetida. Este uso repetitivo indica que surge una nueva circunstancia en el proceso de la acción de este verbo. Por ejemplo:

1. 他看着看着就睡着了。
2. 他跑着跑着，突然停了下来。
3. 他说着说着，想起了小时候的事。

二、如果可能的话，我就想在那儿住一辈子

"如果……（的话），就……"这一格式是由连词"如果"和副词"就"组成的，表示先提出假设的条件然后推断出结论。例如：

La fórmula "如果……（的话），就……" está constituida por la conjunción "如果" y el adverbio "就". En la primera suboración se hace una suposición condicional y, en la segunda, se infiere de ella la conclusión. Por ejemplo:

1. 如果没有合适的，我们就不买了。
2. 如果明天我去不了的话，就后天去。
3. 如果下个星期工作不太忙，我就请假去旅游。

三、这是因为城市里人多、车多、垃圾多的缘故

"因为……的缘故"表示由于什么原因或理由。例如：

"因为……的缘故" significa "a causa de", "debido a". Por ejemplo:

1. 因为天气太热的缘故，我们的晚会是在草地上进行的。
2. 因为等他的缘故，我们迟到了五分钟。
3. 因为买不到票的缘故，我就没有去听音乐会。

四、环境保护关系到人们的生活质量

动词"关系"常和"到"连用，表示某人某事关联或牵涉到其他人或事。例如：

El verbo "关系" suele emplearse junto con "到" e indica que una persona o cosa concierne o atañe a otra. Por ejemplo:

1. 这事关系到别人，我一个人不能决定。
2. 学什么专业关系到他的前途。
3. 这关系到大家的安全。

文化点 Cuestiones de la cultura china

女骑警

Policía montada femenina

在中国北方的海滨城市大连的街头，中国第一支女子骑警队成为这座美丽城市又一道亮丽的风景。

每天出巡时，先用特制的运输车把马和女骑警从郊区的营地运到市区，然后女骑警骑上自己的马，成纵队走向街头开始巡逻，巡逻结束后，再乘车返回营地。

En las calles de Dalian, ciudad litoral del Norte de China, se encuentra una policía montada femenina, la primera en China, lo que constituye un bello espectáculo más para esta hermosa ciudad.

Todos los días se trasladan con camiones especiales los caballos y policías desde su campamento suburbial hasta el casco urbano. Luego las agentes montan sus caballos y empiezan a patrullar en formación por las calles.

女骑警大队现有三十多名女骑警，都是经过训练，技术合格后才上岗工作的。她们骑的马都来自国外，相当昂贵。女骑警们非常爱护、关心它们，每次巡逻回来总要给它们冲凉、洗蹄，很多马匹听不懂汉语，她们就用外语来呼唤它们。

在大连，人们常常可以看到女骑警的身影。白天，她们轮流在市区的街道或广场上进行治安巡逻；夜晚，她们的铜像仍然守在星海广场为这个城市深情地站岗。

Al terminar la ronda de cada día, vuelven en camiones a su campamento.

La brigada de policías montadas tiene actualmente más de 30 miembros. Todas han recibido adiestramientos adecuados y se han presentado al puesto de trabajo sólo después de ser aprobadas técnicamente. Los caballos que montan son importados del extranjero, bastante caros. Las agentes los protegen y cuidan con mucho cariño. Todos los días, al volver de las patrullas, les dan una ducha y les lavan las pezuñas. Muchos caballos no entienden el chino y entonces los llaman por sus nombres extranjeros.

En Dalian se puede ver en cualquier momento la silueta de la policía montada femenina. De día, las agentes patrullan por turnos en las calles y plazas de la ciudad para preservar el orden; de noche sus estatuas de bronce siguen de guardia en la Plaza de Xinghai vigilando sin inmutarse la ciudad.

练 习 Ejercicios

一、听两遍录音后，填上下列句子中的拼音/*Escucha dos veces la grabación y luego completa en letras fonéticas las siguientes oraciones*

1. Wǒmen zài Běijīng _____ guòle yí gè hěn yǒu yìsi de _____.

2. Zhè jiào liúlián-_____, zhè gēn wǒ dǎ _____ yíyàng, chángcháng shì dǎzhe dǎzhe, jiù wàngle _____, wàngle _____ _____.

3. Jiāoqū _____ bǐ chéngshì hǎo. Chéngshì li _____ bǐjiào yánzhòng.

4. Huánjìng wūrǎn shì gè _____ de wèntí, wǒ yuèláiyuè juéde _____ _____ huánjìng hěn zhòngyào.

二、听录音，然后复述所听内容/*Escucha la grabación y, luego, cuenta verbalmente el contenido*

三、替换练习/*Ejercicio de sustitución*

1. 如果<u>可能</u>的话，<u>我就想在那儿住一辈子</u>。

他不同意	我也没有办法
你有时间的话	就应该陪他一起去
明天你们能来	最好今天晚上打电话告诉我
星期天有时间	就到我家来玩吧
你有什么问题	我随时可以来帮你
你能见到马丁	就把这件事告诉他

2. 这是因为<u>城市里人多、车多、垃圾多</u>的缘故。

他身体不好
火车晚点
紧张
时间不够
租金太高
不习惯

四、朗读下列短语/Lee en voz alta los siguientes sintagmas

环境清净	很清净	住一辈子	这辈子
空气污染	环境污染	问题严重	情况严重
普遍重视	普遍现象	受到欢迎	受到污染
不同程度	程度高	全球性	全球问题
保护健康	保护环境	生活质量	质量很好
真正解决	真正做到	共同决定	共同努力

五、说一说/Presentación oral

你居住的城市有没有环境污染的问题？有哪些现象？我们应该怎样保护环境？（说一段话，至少要五个句子）

¿Hay problemas de contaminación ambiental en la ciudad en que vives?
¿Qué fenómenos se observa? ¿Cómo debemos proteger el ambiente? (Exprésate en un párrafo que conste al menos de cinco oraciones)

六、选择词语填空/Selecciona palabras apropiadas para rellenar los espacios en blanco

（吃着吃着、走着走着、看着看着、说着说着、关系到、解决、重、度假）

1. 今年夏天你们想到哪里去＿＿＿＿＿＿？
2. 这孩子＿＿＿＿＿就笑起来了。
3. 他＿＿＿＿＿想到一个问题，饭没吃完就站起来走了。
4. 小王＿＿＿＿＿，忽然站住了。
5. 我本来不喜欢这本书，可是＿＿＿＿＿，觉得有点儿意思了。
6. 这个问题很难＿＿＿＿＿。
7. 何塞的感冒很＿＿＿＿＿，上不了班。
8. 这个问题＿＿＿＿＿我们大家。

七、划线连接下列词语/*Enlaza con rayas las siguientes expresiones*

因为人多、车多、垃圾多的缘故　　　　我没有接到他们

因为身体不好的缘故　　　　　　　　他这次考得不好

因为火车晚点的缘故　　　　　　　　城市里污染比较严重

因为紧张的缘故　　　　　　　　　　他不能跟我们一起去爬山

因为下雨的缘故　　　　　　　　　　我们没有参观潭柘寺

因为时间不够的缘故　　　　　　　　音乐会延期了

八、把下列句子翻译成汉语/*Traduce al chino las siguientes oraciones*

1. Dicen que ellos fueron la semana pasada a Inglaterra a pasar las vacaciones.

2. Nos divertimos todos los días en la playa, tanto que muchas veces olvidábamos la hora de volver.

3. La solución de este problema requiere el esfuerzo conjunto de todos nosotros.

4. De ser posible, querría trabajar de traductor durante toda la vida.

5. Todas las ciudades sufren la contaminación, pero la gravedad no es igual.

6. La contaminación ambiental es un problema de carácter mundial.

第二十三课 Lección 23

课 文 Texto

你没搞错吧？

（玛丽亚怀疑自己得到奖学金）

李　芳：玛丽亚，今天你得请客。

玛丽亚：为什么？有什么理由吗？我的生
　　　　日还没到呢。

李　芳：非得生日才请客吗？别的日子就
　　　　不能请客了？

玛丽亚：那倒不是，可是突然让我请客，
　　　　总有什么原因吧。

李　芳：告诉你吧，你得了奖学金，得奖
　　　　学生的名单刚在网上公布。

玛丽亚：你没搞错吧？我们学校有好几个
　　　　玛丽亚呢，有意大利的，有法国

生 词

Palabras nuevas

怀疑（动）huáiyí
　（v.）dudar

得到（动）dédào
　（v.）obtener, ganar

奖学金（名）jiǎngxuéjīn
　（s.）beca

理由（名）lǐyóu
　（s.）razón, motivo

非得……才…… fēiděi…
cái…
　no... a menos que..., no...
　hasta que no...

日子（名）rìzi
　（s.）día

突然（形）tūrán
　（adj.）de repente, de
　súbito

总（副）zǒng
　（adv.）de todos modos,
　después de todo

原因（名）yuányīn
　（s.）causa

奖（名）jiǎng
　（s.）premio

名单（名）míngdān
　（s.）nómina

公布（动）gōngbù
　（v.）publicar, anunciar

209

的，还有墨西哥的，多着呢！

李　芳：明明玛丽亚后面的国籍写着"西班牙"三个字，怎么会搞错呢？

玛丽亚：我还是半年以前申请的奖学金，但一直没消息，我还以为没希望了呢。

李　芳：你看吧，我好心好意告诉你，你不但不谢我，反而说我搞错了。

玛丽亚：我不是这个意思，因为有一门古代汉语成绩不太理想，所以我怀疑还能不能得到奖学金。

李　芳：你怀疑你自己？你不是学习成绩一直挺好的吗？

玛丽亚：本来各门成绩都不错，可是这学期选的古代汉语，我没想到这么难。

李　芳：你刚开始学，可能还不太适应。

玛丽亚：是有点儿不适应，古代汉语的词汇、语法跟现代汉语有很大的差别，这对我来说有点儿难，但我对这门课还是挺感兴趣的。

李　芳：有兴趣，加上努力，就一定能学

着呢（助）zhene
(part. aux.) sumamente, extremadamente

明明（副）míngmíng
(adv.) claramente, a todas claras

国籍（名）guójí
(s.) nacionalidad, ciudadanía

字（名）zì
(s.) carácter

申请（动）shēnqǐng
(v.) solicitar

消息（名）xiāoxi
(s.) noticia, novedad

以为（动）yǐwéi
(v.) creer

好心（名）hǎoxīn
(s.) (con) buena intención

好意（名）hǎoyì
(s.) (de) buena fe, bien-intencionadamente

谢（动）xiè
(v.) agradecer

反而（副）fǎn'ér
(adv.) sino al contrario

门（量）mén
(clas. para asignaturas y ciencias; lazos de parentesco y matrimoniales;

好这门课。

玛丽亚： 我也有这个信心。李芳，现在
就叫上王玲，我们三个人说去
就去。

李 芳： 去哪儿？

玛丽亚： 去饭店，我请客。

Nǐ méi gǎocuò ba?

Lǐ Fāng: Mǎlìyà, jīntiān nǐ děi qǐngkè.

Mǎlìyà: Wèishénme? Yǒu shénme lǐyóu ma? Wǒ de shēngrì hái méi dào ne.

Lǐ Fāng: Fēiděi shēngrì cái qǐngkè ma? Biéde rìzi jiù bù néng qǐngkè le?

Mǎlìyà: Nà dào bú shì, kěshì tūrán ràng wǒ qǐngkè, zǒng yǒu shénme yuányīn ba.

Lǐ Fāng: Gàosu nǐ ba, nǐ déle jiǎngxuéjīn, dé jiǎng xuésheng de míngdān gāng zài wǎng shang gōngbù.

Mǎlìyà: Nǐ méi gǎocuò ba? Wǒmen xuéxiào yǒu hǎojǐ gè Mǎlìyà ne, yǒu Yìdàlì de, yǒu Fǎguó de, hái yǒu Mòxīgē de, duō zhene!

Lǐ Fāng: Míngmíng Mǎlìyà hòumian de guójí xiězhe "Xībānyá" sān gè zì, zěnme huì gǎocuò ne?

Mǎlìyà: Wǒ háishi bàn nián yǐqián shēnqǐng de jiǎngxuéjīn, dàn yìzhí méi xiāoxi, wǒ hái yǐ-

piezas de artillería)

成绩（名）chéngjì
(s.) resultado

理想（形）lǐxiǎng
(adj.) ideal, satisfactorio

适应（动）shìyìng
(v.) adaptarse, amoldarse

词汇（名）cíhuì
(s.) vocabulario, léxico

语法（名）yǔfǎ
(s.) gramática

现代（名）xiàndài
(s.) moderno

信心（名）xìnxīn
(s.) confianza

专 名

Nombres propios

意大利 Yìdàlì
Italia

法国 Fǎguó
Francia

墨西哥 Mòxīgē
México

wéi méi xīwàng le ne.

Lǐ Fāng: Nǐ kàn ba, wǒ hǎoxīn hǎoyì gàosu nǐ, nǐ búdàn bú xiè wǒ, fǎn'ér shuō wǒ gǎocuò le.

Mǎlìyà: Wǒ bú shì zhège yìsi, yīnwèi yǒu yì mén Gǔdài Hànyǔ chéngjì bú tài lǐxiǎng, suǒyǐ wǒ huáiyí hái néng bu néng dédào jiǎngxuéjīn.

Lǐ Fāng: Nǐ huáiyí nǐ zìjǐ? Nǐ bú shì xuéxí chéngjì yìzhí tǐng hǎo de ma?

Mǎlìyà: Běnlái gè mén chéngjì dōu búcuò, kěshì zhè xuéqī xuǎn de Gǔdài Hànyǔ, wǒ méi xiǎngdào zhème nán.

Lǐ Fāng: Nǐ gāng kāishǐ xué, kěnéng hái bú tài shìyìng.

Mǎlìyà: Shì yǒudiǎnr bú shìyìng, gǔdài Hànyǔ de cíhuì、yǔfǎ gēn xiàndài Hànyǔ yǒu hěn dà de chābié, zhè duì wǒ lái shuō yǒudiǎnr nán, dàn wǒ duì zhè mén kè háishi tǐng gǎn xìngqù de.

Lǐ Fāng: Yǒu xìngqù, jiāshang nǔlì, jiù yídìng néng xuéhǎo zhè mén kè.

Mǎlìyà: Wǒ yě yǒu zhège xìnxīn. Lǐ Fāng, xiànzài jiù jiàoshang Wáng Líng, wǒmen sān gè rén shuō qù jiù qù.

Lǐ Fāng: Qù nǎr?

Mǎlìyà: Qù fàndiàn, wǒ qǐngkè.

补充生词

Palabras suplementarias

煤气（名）méiqì
(s.) gas de hulla

明确（形、动）míngquè
(adj., v.) definido, in-equívoco; dejar en claro, definir claramente

满足（动）mǎnzú
(v.) satisfacer

热心（形）rèxīn
(adj.) entusiasta, cordial, fervoroso

气候（名）qìhòu
(s.) clima

语言点 Cuestiones de lengua china

一、有意大利的，有法国的，还有墨西哥的，多着呢

助词"着呢"表示程度深。用在形容词或形容词性词语的后边。例如：

La partícula auxiliar "着呢" se emplea detrás de adjetivos o sintagmas adjetivales e indica que el grado de las cualidades que éstos representan es muy alto. Por ejemplo:

1. 他的生日晚会热闹着呢。
2. 这本小说有意思着呢。
3. 那个房间不开灯，黑着呢。

二、明明玛丽亚后面的国籍写着"西班牙"三个字

副词"明明"表示事情很显然或确实如此的意思。在句中充当状语。例如：

El adverbio "明明" significa que el asunto de que se trata es muy evidente o cierto. Es modificador adverbial en las oraciones. Por ejemplo:

1. 这话明明是他说的，他怎么不承认呢?
2. 我的东西明明放在这儿，一会儿就不见了。
3. 那个人明明不是他姐姐，他非说是他姐姐。

三、我还以为没希望了呢

动词"以为"表示对人或事物确定某种看法或作出某种判断。例如：

El verbo "以为" significa juzgar o sospechar que alguien o algo es lo que se expresa. Por ejemplo:

1. 我以为他的意见是正确的。
2. 他不以为大家是在帮助他。
3. 我以为外面在下雨，其实并没有下雨。

四、你不但不谢我，反而说我搞错了

"不但不……反而……"这一格式用于表示比较和递进关系的复句。在第一分句里用"不但不"引出一种肯定的意思，然后在第二分句里用"反而"

转向另一种相反的意思，在意义上更推进了一层。"反而"有比较强的转折语气。"不但不……反而……"跟"不但没……反而……"的意思相同，有时可以替换。例如：

La fórmula "不但不……反而……" se emplea en oraciones compuestas de nexo comparativo y progresivo. En la primera suboración se afirma con "不但不" un hecho y, luego en la segunda, con "反而" se pasa a aseverar otro hecho, de sentido contrario, pero que, semánticamente, supone un agravamiento de la situación. "反而" contiene un tono adversativo bastante fuerte. "不但没……反而……" expresa lo mismo que "不但不……反而……" y a veces puede sustituirla. Por ejemplo:

1. 每到星期天，他不但不能休息，反而更忙了。
2. 这几天雨不但没停，反而越下越大了。
3. 快考试了，他不但不好好准备，反而整天出去玩。

五、我们三个人说去就去

"说去就去"是"说A就A"的格式，表示动作一经决定或商议好以后，就立即行动起来。例如：

La estrutura de "说去就去" es "说A就A", que indica que, una vez que se determina hacer algo, inmediatamente se pone manos a la obra. Por ejemplo:

1. 他说来就来，说走就走。
2. 她说写就写，只用了三四个小时就把文章写好了。
3. 说不买就不买，打折也不买。

文化点　Cuestiones de la cultura china

中国结

一根红红的丝线编结成各种各样的图案，挂在房间里、汽车里、手机上，这种特别受人欢迎的挂饰，就是

El nudo chino

El nudo chino se refiere a la atadura de distintas formas que se hace con una cuerda roja de seda. Es ahora objeto de moda entre el común de las gentes, quienes lo emplean como adorno

中国结。

中国结历史悠久，是中国传统的民间手工艺品。最早的中国结只是简单的绳结。古时候的衣服没有扣子，就用绳结来固定，这在传统中式服装上仍能看到。古代中国人还喜欢佩带玉饰，玉饰需要用绳结来固定、连接。慢慢地这些绳结越来越讲究，也成了一种装饰品。后来在首饰、衣服、玉佩、扇子，甚至建筑、兵器上都装饰着中国结。

中国结有很多种编结方法，简单的就有二十多种。不同的图形还赋予了不同的含义。如同心结，是由两个结相连而成，就好像两颗心联结在一起，所以自古就是爱情的信物。不管样式多么复杂，一个结从头到尾都是用一根丝线编成的，这可是中国结的特点。

现在越来越多的人喜欢中国结，有的人还自己动手编中国结，用来作礼品，就更情深意长、更有意义了。

colgante en sus habitaciones, automóviles y telefónos móviles.

El nudo chino tiene ya una larga historia y es un artículo artesanal folklórico y tradicional de China. El nudo chino primitivo era sólo una ataduta sencilla. Antiguamente como no había broches, se empleaba nudos para cerrar los vestidos. Esto aún se puede ver en la vestimenta de estilo tradicional chino. Nuestros antepasados gustaban de llevar adornos de jade y éstos necesitaban nudos para fijarse y unirse. Con el tiempo estas ataduras de hilos se hacían cada vez con más meticulosidad y llegaron también a tener valor ornamental. Más tarde se usaban los nudos chinos como adornos no sólo en los aderezos, vestidos, jades pendientes del cinturón y abanicos, sino también en las construcciones y hasta en las armas.

Hay diversas formas de tejer los nudos chinos, solamente las secillas ya son más de veinte. Las distintas figuras implican diferentes sentidos. Por ejemplo, el nudo de "Enlace de dos corazones", que es formado por dos nudos unidos y que simboliza la unión de dos corazones. Este nudo de "enlace" es desde tiempos remotos una prenda de amor. No importa cuán complicada sea la forma, un nudo se hace con un solo cordón desde el principio hasta el fin. Ésta es una característica del nudo chino.

Hay ahora cada día más gente que se aficiona

con el nudo chino y muchos saben hacerlo con sus propias manos. Hacer uno para regalarlo a amigos es algo muy sentimental y significativo.

练 习 Ejercicios

一、听两遍录音后，给下列词语填上声母/Escucha dos veces la grabación y luego completa las letras fonéticas de las siguientes palabras agregándoles la parte consonántica

1. ____ǐyóu

2. tū____án

3. ____iǎng____ué____īn

4. gōng____ù míng____ān

5. guó____í

6. shēn____ǐng

7. hǎo____īn hǎo____ì

8. ____ǎn'ér

9. ____éngjì bù lǐ____iǎng

二、听录音，然后复述所听内容/Escucha la grabación y, luego, cuenta verbalmente el contenido

三、替换练习/Ejercicio de sustitución

1. <u>你</u>不但不<u>谢我</u>，反而<u>说我搞错了</u>。

他	谢我	不理我
雨	停	更大了
这样做	会解决问题	会让问题更严重
听到这个消息，她	高兴	生气地走了
他	帮我们	想让我们帮他

2. <u>我还以为</u><u>没希望</u>了呢。

我	这一点是最重要的
我们都	健康最重要
玛丽亚	保护环境要靠每个人的努力
我	想学好外语就要重视听、说
明子	我的日语说得不够好
马丁	找工作不能只靠报上的广告

3. （ ）明明<u>玛丽亚后面的国籍写着"西班牙"三个字</u>，<u>怎么会搞错</u>呢?

	是他错了	怎么说是我错了呢
	是你忘了	怎么反而说我没告诉你
我	看见了	怎么又不见了
她	不喜欢你	你为什么还给她打电话
	要下雨了	你们怎么还要去爬山
你	知道这件事	怎么却说不知道呢

四、**朗读下列短语**/*Lee en voz alta los siguientes sintagmas*

没有理由	理由很多	有原因	得奖
学生名单	公布成绩	有错	搞错
好心好意	提出申请	得到消息	好消息
成绩很好	理想的工作	不适应	适应环境
怀疑别人	汉语语法	差别不大	没有信心

五、**说一说**/*Presentación oral*

请说说你的学习生活（选什么课，对什么课感兴趣，怎么学，有什么问题等等）。（说一段话，至少要五个句子）

Cuenta tu vida de estudiante (¿Qué asignaturas optativas eliges? ¿Qué asignaturas te interesan? ¿Cómo las estudias? ¿Qué problemas tienes en el estudio?, etc.) (Exprésate en un párrafo que conste al menos de cinco oraciones)

六、选择词语填空/ *Selecciona palabras apropiadas para rellenar los espacios en blanco*

（反而、怎么、着呢、说不等就不等、多、明明、原因、非得）

1. 这件衣服＿＿＿＿＿＿＿又贵又不好看，可她非买不可。

2. 周末他不但不休息，＿＿＿＿＿＿＿比平时更忙。

3. 来参加他生日晚会的人＿＿＿＿＿＿＿着呢。

4. 郊区的空气好＿＿＿＿＿＿＿。

5. 这明明是我的书，＿＿＿＿＿＿＿说是你的呢？

6. 他＿＿＿＿＿＿＿，立刻就走了。

7. 他去也行，不一定＿＿＿＿＿＿＿我去。

8. 你不想去上班，到底有什么＿＿＿＿＿＿＿？

七、划线连接下列词语/ *Enlaza con rayas las siguientes expresiones*

我说不吃	理想的工作
我的作业	说去就去
我们三个人	学校生活
今天天气	很感兴趣
找到	冷着呢
对翻译工作	就不吃
不适应	多着呢

八、把下列句子翻译成汉语/ *Traduce al chino las siguientes oraciones*

1. Me siento un poco extraño al ambiente de aquí.

2. Hace ya algún tiempo que no tenía noticias del empleo, yo creía que ya no habría esperanza.

3. Este semestre he tenido dos asignaturas con resultado poco deseable.

4. Él se muestra escéptico de la posibilidad de encontrar para sí un buen trabajo.

5. Dicho y hecho, vámonos ahora mismo.

6. Me interesa mucho la asignatura de chino clásico.

课 文 Texto

为玛丽亚干杯!

（玛丽亚、李芳和王玲在饭店吃饭时，谈毕业后的工作）

玛丽亚： 今天咱们三个人聚会，我是东道主，菜随便点，酒随便喝。

李　芳： 我是不喝酒的，只喝饮料。

王　玲： 我喝茶就行了。

玛丽亚： 你们都不喝酒？我得喝点儿啤酒。

李　芳： 大家随便，爱喝什么就喝什么。菜我来点，包你们满意。

王　玲： 玛丽亚，今天你怎么这么高兴呀？

李　芳： 你还不知道？她得奖学金了。

王　玲： 我提议，为玛丽亚干杯!

玛丽亚： 谢谢。

李　芳： 玛丽亚本来不知道这个消息，还是我告诉她的呢。

生　词

Palabras nuevas

聚会（动）jùhuì
　(v.) reunirse

东道主（名）dōngdào-zhǔ
　(s.) anfitrión

酒（名）jiǔ
　(s.) bebida alcohólica, vino

饮料（名）yǐnliào
　(s.) bebida (no alcohólica)

爱（动）ài
　(v.) querer, gustar

包（动）bāo
　(v.) garantizar, asegurar

满意（动）mǎnyì
　(v.) satisfacer

提议（动）tíyì
　(v.) proponer

为（介）wèi
　(prep.) por

干杯（动）gānbēi
　(v.) brindar por, beber por

关心（动）guānxīn
　(v.) atención, interés

玛丽亚：谢谢你们的关心。

李　芳：谢什么呀！你还这么客气。

王　玲：玛丽亚，你毕业以后，还考研究生吗？

玛丽亚：我想考，我觉得自己的知识和研究能力都很不够，想尽量多学一点儿。如果我现在就回到国内，很难找到跟我的研究课题有关的专家来指导我。

王　玲：你的导师找好了吗？

玛丽亚：找好了，就是我们系的陈教授。

李　芳：陈教授的研究生很难考，除非成绩很好。

王　玲：你要真能考上他的研究生，那就太幸运了。

玛丽亚：是啊，所以我决定下学期去听陈教授的课。至于能不能考上，我也没有把握。

李　芳：考上研究生以后，你得再请我们一次。

玛丽亚：那没问题，还是咱们三个人聚会。

李　芳：那时候也许会多几个人，比如你

研究生（名）yánjiūshēng
(s.) postgraduado

知识（名）zhīshi
(s.) conocimientos, saber

能力（名）nénglì
(s.) capacidad

够（动）gòu
(v.) bastar, ser suficiente

课题（名）kètí
(s.) tema

有关（动）yǒuguān
(v.) relacionado con, interesado en

指导（动）zhǐdǎo
(v.) guiar, orientar, dirigir

导师（名）dǎoshī
(s.) profesor tutor

教授（名）jiàoshòu
(s.) profesor catedrático

除非（连）chúfēi
(conj.) salvo, excepto, a no ser que

幸运（形）xìngyùn
(adj.) afortunado

至于（介）zhìyú
(prep.) en cuanto a

把握（名）bǎwò
(s.) seguridad, certidumbre

的维克多、王玲的男朋友等等。

王　玲：别忘了，还有你的那位呢。

Wèi Mǎlìyà gānbēi!

Mǎlìyà: Jīntiān zánmen sān gè rén jùhuì, wǒ shì dōngdàozhǔ, cài suíbiàn diǎn, jiǔ suíbiàn hē.

Lǐ Fāng: Wǒ shì bù hē jiǔ de, zhǐ hē yǐnliào.

Wáng Líng: Wǒ hē chá jiù xíng le.

Mǎlìyà: Nǐmen dōu bù hē jiǔ? Wǒ děi hē diǎnr píjiǔ.

Lǐ Fāng: Dàjiā suíbiàn, ài hē shénme jiù hē shénme. Cài wǒ lái diǎn, bāo nǐmen mǎnyì.

Wáng Líng: Mǎlìyà, jīntiān nǐ zěnme zhème gāoxìng ya?

Lǐ Fāng: Nǐ hái bù zhīdào? Tā dé jiǎngxuéjīn le.

Wáng Líng: Wǒ tíyì, wèi Mǎlìyà gānbēi!

Mǎlìyà: Xièxie.

Lǐ Fāng: Mǎlìyà běnlái bù zhīdào zhège xiāoxi, háishi wǒ gàosu tā de ne.

Mǎlìyà: Xièxie nǐmen de guānxīn.

Lǐ Fāng: Xiè shénme ya! Nǐ hái zhème kèqi.

Wáng Líng: Mǎlìyà, nǐ bìyè yǐhòu, hái kǎo yánjiūshēng ma?

Mǎlìyà: Wǒ xiǎng kǎo, wǒ juéde zìjǐ de zhīshi hé yánjiū nénglì dōu hěn bú gòu, xiǎng jìn-

也许（副）yěxǔ (adv.) tal vez, quizás, a lo mejor

专　名
Nombres propios

陈　Chén
Chen

补充生词
Palabras suplementarias

情景（名）qíngjǐng (s.) escena

汽油（名）qìyóu (s.) gasolina

礼貌（形）lǐmào (adj.) cortesía

平安（形）píng'ān (adj.) sano y salvo, sin contratiempo

理论（名）lǐlùn (s.) teoría

liàng duō xué yìdiǎnr. Rúguǒ wǒ xiànzài jiù huídào guó nèi, hěn nán

zhǎodào gēn wǒ de yánjiū kètí yǒuguān de zhuānjiā lái zhǐdǎo wǒ.

Wáng Líng: Nǐ de dǎoshī zhǎohǎole ma?

Mǎlìyà: Zhǎohǎo le, jiù shì wǒmen xì de Chén jiàoshòu.

Lǐ Fāng: Chén jiàoshòu de yánjiūshēng hěn nán kǎo, chúfēi chéngjì hěn hǎo.

Wáng Líng: Nǐ yào zhēn néng kǎoshang tā de yánjiūshēng, nà jiù tài xìngyùn le.

Mǎlìyà: Shì a, suǒyǐ wǒ juédìng xiàxuéqī qù tīng Chén jiàoshòu de kè. Zhìyú

néng bu néng kǎoshang, wǒ yě méiyǒu bǎwò.

Lǐ Fāng: Kǎoshang yánjiūshēng yǐhòu, nǐ děi zài qǐng wǒmen yí cì.

Mǎlìyà: Nà méi wèntí, háishi zánmen sān gè rén jùhuì.

Lǐ Fāng: Nà shíhou yěxǔ huì duō jǐ gè rén, bǐrú nǐ de Wéikèduō、Wáng Líng

de nánpéngyou děngděng.

Wáng Líng: Bié wàng le, hái yǒu nǐ de nà wèi ne.

语言点 Cuestiones de lengua china

一、为玛丽亚干杯

介词"为"和名词、代词或短语组成介词结构，表示目的或表示行为的对象。在句中充当状语。例如：

La preposición "为" forma con sustantivos, pronombres o frases, sintagmas preposicionales e indica la meta o el objeto de la acción. Es modificador adverbial en las oraciones. Por ejemplo:

1. 我们都为她的好成绩高兴。
2. 为我们的友谊干杯！
3. 他为我的书写了一个序言。

二、很难找到跟我的研究课题有关的专家来指导我

"跟……有关"是个常用格式，由介词"跟"和动词"有关"组成，表示人和人、人和事物或事物和事物之间有某种性质的联系。例如：

"跟……有关"es una fórmula usual y está compuesta por la preposición "跟" y el verbo "有关". Indica que una persona o cosa tiene vínculos de cierto carácter con otra persona o cosa o con algún fenómeno. Por ejemplo:

1. 我要买一些跟专业有关的新书。

2. 我身体不太舒服，可能跟天气有关。

3. 学习成绩的好坏跟学习方法有关。

三、除非成绩很好

连词"除非"表示必要的条件，相当于"只有"，常跟"否则、才、不然"等连用。例如：

La conjunción "除非" indica una condición indispensable, equivale a "只有 (a menos que)" y suele combinarse con palabras correlativas "否则", "才" y "不然". Por ejemplo:

1. 要完成这个任务，除非有他参加。

2. 除非我们都去，否则晚会要延期。

3. 除非坐飞机去，才赶得上考试。

四、至于能不能考上，我也没有把握

介词"至于"用来引出另一个话题。例如：

La preposición "至于" se emplea para pasar a referirse a otra cosa. Por ejemplo:

1. 他要去西班牙，至于什么时候动身，还没最后定下来。

2. 至于他说的那件事，我从来都没听说过。

3. 至于旅行的安排，我们以后再讨论。

文化点　Cuestiones de la cultura china

清明节

　　每年公历4月5日左右是清明节。中国古代人认为这个时候的生物生长得"清净明洁"，所以叫清明。

　　清明节是中国四大传统节日之一。过清明节有很多习俗，如在清明节前两天，家家户户不能用火做饭，只能吃前几天的冷饭冷菜；在清明节当天，家家户户都要扫墓，以纪念死去的亲人。除了扫墓以外，人们还要去踏青郊游。

　　踏青郊游又叫春游、探春、寻春等。人们在郊游时，进行野餐、放风筝、荡秋千等活动。在回家的时候，人们还常常折柳条做成圈儿，戴在头上，希望在这一年里可以避免灾难。

　　现在，扫墓、踏青郊游的习俗还被人们保留着。

Fiesta de Qingming (Limpidez y Frescor)

　　Cada año la Fiesta de *Qingming* (Limpidez y Frescor, *qingming* es a la vez el nombre y día del quinto de los 24 *qieqis*, explicados ya en la Lección 15) cae alrededor del 5 de abril del calendario gregoriano. Los antiguos chinos creían que, alrededor de esta fecha, los seres vivientes se presentan limpios y frescos, y de ahí la denominación de la fiesta.

　　Se trata de una de las cuatro más importantes fiestas tradicionales de China. Se sabe aún muchas costumbres de la fiesta. Por ejemplo, en los dos días anteriores a la fiesta, ninguna casa prendía fuego para hacer comida, sino sólo consumía alimentos y guisos preparados días antes; en el día de la fiesta, todas las familias salían a visitar y limpiar las tumbas rendiendo así homenaje a su memoria. Además de limpiar las tumbas, se hacía una excursión por las afueras de la ciudad, calificada tradicionalmente de "andar sobre el verde".

　　El "andar sobre el verde" se llama también excursión primaveral, exploración de la primavera o búsqueda de la primavera. En las excursiones se toma una comida campestre, se hace volar

cometas, se mece en columpios... De regreso se suele hacer guirnaldas con varas de sauce y se las pone en la cabeza deseando evitar con ellas los males para todo el año.

Hasta el día de hoy aún se conserva la costumbre de ir a limpiar las tumbas y a andar sobre el verde.

练 习 **Ejercicios**

一、根据录音写出下列词语的拼音／*Escribe en letras fonéticas las palabras que se escuchan en la grabación*

1. _____   6. _____

2. _____   7. _____

3. _____   8. _____

4. _____   9. _____

5. _____   10. _____

二、听录音，然后复述所听内容／*Escucha la grabación y, luego, cuenta verbalmente el contenido*

三、替换练习/*Ejercicio de sustitución*

1. <u>我</u>很难找到跟<u>我的研究课题有关</u>的<u>专家来指导我</u>。

这是一件只	我本人	的事情
我喜欢看	中国历史	的书
他找到了	他专业	的工作
我们在谈	学习	的问题
他想去图书馆借一些	环保	的资料

2. 至于<u>能不能考上</u>，<u>我也没有把握</u>。

结果怎样	谁也不知道
什么时候去参观考察	还没有决定
你说的事	我没有想过
钱的问题	我可以借给你
投资办工厂	我们下次再谈
其他事情	以后再说吧

四、朗读下列短语/*Lee en voz alta los siguientes sintagmas*

同学聚会	朋友聚会	爱喝酒	爱学习
很满意	为朋友高兴	关心别人	关心环保问题
掌握知识	有知识	研究问题	多次研究
指导年轻人	指导学习	觉得幸运	非常幸运
没有把握	把握很大	一位教授	一位朋友
有能力	中文系	考上大学	有关专家

五、说一说/*Presentación oral*

你大学毕业以后想做什么？还想考研究生吗？（说一段话，至少要五个句子）

¿Qué quieres hacer después de graduarte en la universidad? ¿Quieres seguir los estudios de postgraduado? (Exprésate en un párrafo que conste al menos de cinco oraciones)

六、选择词语填空/*Selecciona palabras apropiadas para rellenar los espacios en blanco*

（也许、为、否则、除非、关心、尽量、不够、至于）

1. _____谁更适合做这个工作，要由他来决定。

2. 我们都很_____你的身体。

3. 他觉得自己的能力_____，担心影响工作。

4. 这件事我会_____做好。

5. 他到现在还不来，_____不会来了。

6. _____你们也去，否则我一个人不会去的。

7. 朋友们都_____他找到满意的工作而高兴。

8. 除非他同意，_____这件事我们做不了。

七、划线连接下列词语/*Enlaza con rayas las siguientes expresiones*

为大家的身体健康   跟家庭环境有关

为找到理想的工作   跟学习方法有关

为一个美丽的故事   干杯

为玛丽亚 ————————————— 干杯

除非你帮她   才行

成绩的好坏   感动

个人习惯   高兴

八、把下列句子翻译成汉语/*Traduce al chino las siguientes oraciones*

1. Hoy el anfitrión soy yo, podréis pedir platos a vuestro gusto.

2. Ellos están hablando de sus planes de después de la graduación.

3. ¿Por qué hoy está tan contenta María?

4. Creo que mis conocimientos sobre la historia son muy insuficientes, por lo que quiero estudiar un poco más dentro de mis posibilidades.

5. En cuanto a la posibilidad de encontrar un trabajo ideal, nadie tiene certeza.

6. Es una suerte poder ir a trabajar en esa gran compañía.

第二十五课

课文 Texto

你真是归心似箭

（马丁毕业后在北京找到了工作）

王大伟：你的毕业论文写完了吧？

马　丁：基本上写完了，正在修改。

王大伟：题目是什么？

马　丁：《西班牙企业在中国投资现状及前景》。

王大伟：这个题目参考资料好找不好找？

马　丁：不太好找，凡是能找到的资料我都找遍了，甚至还专门去南方考察了几个企业。

王大伟：什么时候论文答辩？

马　丁：十天以后。

生词

Palabras nuevas

论文（名）lùnwén
(s.) tesis, tesina

基本上（副）jīběnshang
(adv.) fundamental-mente

修改（动）xiūgǎi
(v.) revisar, corregir

题目（名）tímù
(s.) tema

企业（名）qǐyè
(s.) empresa

现状（名）xiànzhuàng
(s.) statu quo, situación actual

及（连）jí
(conj.) y

前景（名）qiánjǐng
(s.) perspectiva

参考（动）cānkǎo
(v.) consultar

资料（名）zīliào
(s.) materiales, datos

凡是（副）fánshì
(adv.) cada, cualquiera, todo

甚至（连）shènzhì
(conj.) incluso

王大伟：毕业典礼什么时候举行？

马　丁：这个月中旬。

王大伟：毕业以后你是先回国，还是马上去公司工作？

马　丁：我先回国几天。机票我早就订好了，毕业典礼完了就走。

王大伟：你真是归心似箭，那么着急。

马　丁：谁说不是呢，我已经两年多没回去了。

王大伟：你留在中国工作，你父母舍得吗？

马　丁：当然有点儿舍不得，尤其是我妈妈，早就盼着我回国了。

王大伟：你这次回国可以多陪陪你妈妈了。

马　丁：我也想好好陪陪她，只是这次回国只有一个月的时间，我还有一些手续要办。

王大伟：你一毕业就在北京找到了工作，运气真是不错。

马　丁：我也觉得自己运气不错。

王大伟：我们的学习生活马上就要结束

答辩（动）dábiàn
　　(v.) *defensa pública, examen abierto*

典礼（名）diǎnlǐ
　　(s.) *acto, ceremonia*

举行（动）jǔxíng
　　(v.) *celebrar*

中旬（名）zhōngxún
　　(s.) *a mediados de*

归心似箭　guīxīn-sìjiàn
　　la ansia por volver a casa es tan vehemente como una flecha disparada; impaciente por regresar al hogar

着急（动）zháojí
　　(v.) *impaciente, impacientarse*

留（动）liú
　　(v.) *quedarse*

舍得（动）shěde
　　(v.) *dejar de buena gana a uno hacer algo*

舍不得（动）shěbude
　　(v.) *ser renuente a, ser reacio a, dar pena a uno*

尤其（副）yóuqí
　　(adv.) *sobre todo, en particular*

盼（动）pàn
　　(v.) *esperar con anhelo, anhelar*

了，真让人留恋。

马　丁：以后回忆起来一定很有意思。

Nǐ zhēn shì guīxīn-sìjiàn

Wáng Dàwěi:　Nǐ de bìyè lùnwén xiěwánle ba?

Mǎdīng:　Jīběnshang xiěwán le, zhèngzài xiūgǎi.

Wáng Dàwěi:　Tímù shì shénme?

Mǎdīng:　«Xībānyá Qǐyè zài Zhōngguó Tóuzī Xiànzhuàng jí Qiánjǐng».

Wáng Dàwěi:　Zhège tímù cānkǎo zīliào hǎo zhǎo bu hǎo zhǎo?

Mǎdīng:　Bú tài hǎo zhǎo, fánshì néng zhǎodào de zīliào wǒ dōu zhǎobiàn le, shènzhì hái zhuānmén qù nánfāng kǎochále jǐ gè qǐyè.

Wáng Dàwěi:　Shénme shíhou lùnwén dábiàn?

Mǎdīng:　Shí tiān yǐhòu.

Wáng Dàwěi:　Bìyè diǎnlǐ shénme shíhou jǔxíng?

Mǎdīng:　Zhège yuè zhōngxún.

Wáng Dàwěi:　Bìyè yǐhòu nǐ shì xiān huí guó, háishi mǎshàng qù gōngsī gōngzuò?

Mǎdīng:　Wǒ xiān huí guó jǐ tiān. Jīpiào wǒ zǎo jiù dìnghǎo le, bìyè diǎnlǐ wánle jiù zǒu.

Wáng Dàwěi:　Nǐ zhēn shì guīxīn-sìjiàn, nàme zháojí.

手续（名）shǒuxù
(s.) trámites, diligencias

办（动）bàn
(v.) hacer

运气（名）yùnqi
(s.) suerte

结束（动）jiéshù
(v.) concluir, terminar

留恋（动）liúliàn
(v.) sentirse reacio a abandonar algo

回忆（动）huíyì
(v.) recordar, rememorar

补充生词
Palabras suplementarias

经验（名）jīngyàn
(s.) experto

庆祝（动）qìngzhù
(v.) celebrar, festejar

悄悄（副）qiāoqiāo
(adv.) sigilosamente, quedamente

目的（名）mùdì
(s.) meta, objetivo

人物（名）rénwù
(s.) figura, personaje

Mǎdīng:	Shéi shuō bú shì ne, wǒ yǐjīng liǎng nián duō méi huíqù le.
Wáng Dàwěi:	Nǐ liú zài Zhōngguó gōngzuò, nǐ fùmǔ shěde ma?
Mǎdīng:	Dāngrán yǒudiǎnr shěbude, yóuqí shì wǒ māma, zǎo jiù pànzhe wǒ huí guó le.
Wáng Dàwěi:	Nǐ zhè cì huí guó kěyǐ duō péipei nǐ māma le.
Mǎdīng:	Wǒ yě xiǎng hǎohǎo péipei tā, zhǐshì zhè cì huí guó zhǐyǒu yí gè yuè de shíjiān, wǒ hái yǒu yìxiē shǒuxù yào bàn.
Wáng Dàwěi:	Nǐ yí bìyè jiù zài Běijīng zhǎodàole gōngzuò, yùnqi zhēn shì búcuò.
Mǎdīng:	Wǒ yě juéde zìjǐ yùnqi búcuò.
Wáng Dàwěi:	Wǒmen de xuéxí shēnghuó mǎshàng jiù yào jiéshù le, zhēn ràng rén liúliàn.
Mǎdīng:	Yǐhòu huíyì qǐlai yídìng hěn yǒu yìsi.

语言点 Cuestiones de lengua china

一、凡是能找到的资料我都找遍了

副词"凡是"表示总括某个范围内的一切。在句中充当状语。例如：

El adverbio "凡是" indica la totalidad de las personas o cosas dentro de determinado ámbito. Es modificador adverbial en las oraciones. Por ejemplo:

1. 凡是新来的学生都住在十楼。
2. 凡是跟专业有关的资料，我都想要一份。
3. 凡是汽车展览，他都去参观。

二、甚至还专门去南方考察了几个企业

连词"甚至"用来强调突出的事例，含有更进一层的意思。例如：

La conjunción "甚至" sirve para enfatizar casos poco comunes, que suponen la extremación del sentido de la oración principal. Por ejemplo:

1. 昨天大家都去参加义务劳动，甚至小学生都参加了。

2. 他太累了，甚至连饭也不想吃了。

3. 他的记忆力非常好，甚至能记住所有朋友的电话号码。

三、尤其是我妈妈，早就盼着我回国了

副词"尤其"表示更进一层的意思。例如：

El adverbio "尤其" sirve para destacar especialmente algo. Por ejemplo:

1. 我尤其喜欢打网球。

2. 他很关心别人，尤其关心他弟弟。

3. 他一直很有运气，尤其是这次运气特别好。

文化点 Cuestiones de la cultura china

中秋节

农历八月十五日是中国传统节日之一。八月十五日正是秋季的正中，所以叫中秋节。在中国，这一天人们有赏月、吃月饼的习俗。

中秋节已经有一千多年的历史了。古代皇帝为了祈求丰收，常在农历八月的夜晚，奏乐祭祀月亮，后来渐渐形成了民间赏月的风俗。中国有句俗语"月到中秋分外明"，这句话包含着一定的科学道理。冬季天气寒冷，不适宜户外赏月；夏季

Fiesta de Pleno Otoño

El 15 de agosto del calendario lunar es una de las fiestas tradicionales de China. Esta fecha marca justamente la mitad del otoño y por tanto se llama Fiesta de Pleno Otoño. En China existe la costumbre de contemplar en la noche de ese día la luna llena y comer el "pastel de luna".

Esta fiesta tiene ya una historia de más de mil años. En la antigüedad, los emperadores solían presentar una ofrenda musical a la luna en alguna noche del otoño en son de rogativas por una buena cosecha. Luego, poco a poco, se formó entre el pueblo la costumbre de disfrutar de la redondez y limpidez de la luna otoñal. En chino hay un dicho que reza: "La luna es más clara

天空中常有浮云，会把月亮的光辉给遮住；春天又多风；只有秋高气爽的八月十五，才是最理想的赏月时刻。

中秋节吃月饼有这样一个传说：元末农民起义时，人们利用互相赠送圆饼的习俗，在圆饼里夹着字条，约定把八月十五这一天作为起义的日子。后来民间就把中秋节的圆饼称为月饼，并有互相赠送月饼的习惯，因为月饼是圆形的，取团圆的意思。这种习俗至少在明朝和清朝就遍及全国了。

月亮在中国人的心目中是美丽、美好的象征。中国人有在八月十五全家团圆的习惯，如果亲人在这一天不能团圆，就在这天晚上，望着月亮来表达思念之情。宋代文学家苏轼写的"但愿人长久，千里共婵娟"说出了中国人的共同心声。

al llegar a la mitad del otoño." Científicamente hablando, esta frase no carece del todo de razón. En invierno hace mucho frío y no conviene moverse al aire libre por la noche; en verano flotan con frecuencia nubes en el cielo, que pueden tapar la luz de la luna; en primavera hace a menudo viento; sólo el otoño en que el cielo es despejado y el aire bien fresco es la estación ideal para contemplar con calma la luna; y, naturalmente, para gozar de su redondez y brillantez, no hay otro día mejor que el 15 de agosto.

Hay una leyenda sobre el "pastel de luna" que se come en la fiesta. A finales de la dinastía Yuan, en que los emperadores eran mongoles, en días en que los campesinos se sublevaron, entre el pueblo se regalaba mutuamente "pasteles de luna" que llevaban escondida en su interior una convocación: "El 15 de agosto (del calendario lunar), día de insurrección para apoyar a los campesinos". Luego, en años posteriores, el regalo mutuo de pasteles de luna en vísperas de la fiesta se convirtió en un hábito entre la población. El pastel es redondo, palabra que connota el sentido de "completo", y éste se extiende a "reunión de todos los familiares". El hábito se generalizó en todo el país ya en las dinastías Ming y Qing.

A los ojos de los chinos, la luna es símbolo de la belleza y esplendidez. Nos acostumbramos a reunirnos todos los familiares el 15 de agosto. Si alguien no puede acudir a la reunión familiar de ese día, él y sus parientes se extrañarán mutuamente y manifestarán sus añoranzas en la noche contemplando la luna. Expresó el sentimiento y deseo común de todos los chinos el gran literato Su Shi de la dinastía Song al escribir en su poema el siguiente verso:

Ojalá que goce eternamente

De salud y de paz mi ser querido,

Que comparta conmigo al menos la bella luna

A pesar de la larga distancia que de él me separa.

练 习 **Ejercicios**

一、听录音跟读下列句子/*Lee en voz alta las oraciones de abajo siguiendo la grabación*

1. Jīběnshang xiěwán le, zhèngzài xiūgǎi.

2. Zhège tímù cānkǎo zīliào hǎo zhǎo bu hǎo zhǎo?

3. Fánshì néng zhǎodào de zīliào wǒ dōu zhǎobiàn le, shènzhì hái zhuānmén qù nánfāng kǎochále jǐ gè qǐyè.

4. Bìyè yǐhòu nǐ shì xiān huí guó, háishi mǎshàng qù gōngsī gōngzuò?

5. Nǐ zhēn shì guīxīn-sìjiàn, nàme zháojí.

二、听录音，然后复述所听内容/_Escucha la grabación y, luego, cuenta verbalmente el contenido_

三、替换练习/_Ejercicio de sustitución_

1. 凡是<u>能找到的</u>资料我都<u>找遍了</u>。

他感兴趣的事他	愿意做
好吃的饭馆他	去过了
市中心的房子，租金	很贵
大城市	有污染
有关投资办工厂的事，他	懂
中国的大学，校园里	有商店、医院、银行什么的

2. <u>我甚至还专门去南方考察了几个企业</u>。

他	生病的时候还在写论文
这里	小孩子都会踢足球
他	连中文小说都能看懂
金正勇	记得小学每个同学的名字
他忙得	忘了自己的生日
我们	连饭都没时间吃

3. <u>父母当然舍不得</u>，尤其<u>是我妈妈，早就盼着我回国了</u>。

我们都喜欢郊游	是李芳
马丁爱好运动	喜欢踢足球
城市里的污染很严重	是大城市
她什么书都爱看	是爱情小说
玛丽亚这学期的成绩不错	是古代汉语
想不到你翻译得这么好	是这几句话

四、朗读下列短语/_Lee en voz alta los siguientes sintagmas_

修改论文	论文题目	办企业	国内企业
工作前景	前景美好	举行典礼	举行音乐会

马上回来	马上到	舍不得离开	舍不得朋友
办手续	手续复杂	结束工作	考察结束
留恋学校	非常留恋	回忆过去	美好的回忆
本月中旬	一月上旬	八月下旬	
工厂现状	参考资料	答辩时间	

五、说一说 / *Presentación oral*

你毕业以后想做什么工作？什么工作是你理想的工作？（说一段话，至少要五个句子）

¿Qué quieres hacer después de graduarte? ¿Qué trabajo será ideal para ti? (Exprésate en un párrafo que conste al menos de cinco oraciones)

六、选择词语填空 / *Selecciona palabras apropiadas para rellenar los espacios en blanco*

（马上、凡是、留恋、盼着、舍不得、基本上、参考、甚至）

1. 刚学汉语的时候，我_____连"你好"都听不懂。

2. 这本书我_____看完了。

3. 这些书你可以拿去_____。

4. 别着急，我们_____就到。

5. 她在这里已经住了十年，有点儿_____搬走。

6. 王玲早就_____去海边度假了。

7. 我非常_____在西班牙留学的日子。

8. _____陈教授的课，玛丽亚都去听。

七、用指定词语回答问题 / *Responde a las preguntas utilizando las palabras dadas*

1. 你们的毕业典礼什么时候举行？

   _____。（中旬）

2. 这么多书你都看了吗？

   _____。（凡是）

3. 市区的名胜古迹你们都游览了吗?

_____。(甚至)

4. 这么多东西一天能搬完吗?

_____。(甚至)

5. 你喜欢什么运动?

_____。(尤其)

6. 他这个学期的考试成绩怎么样?

_____。(尤其)

八、把下列句子翻译成汉语/*Traduce al chino las siguientes oraciones*

1. La tesis de grado de Martín ha terminado fundamentalmente de escribirse.
2. He leído todos los materiales que he podido encontrar.
3. Ultimamente ellos han mandado a su personal al Sur a visitar varias empresas.
4. ¿Cuándo tendrá lugar su ceremonia nupcial?
5. Hace ya dos años que no he vuelto a mi país, se puede decir que en mí, el deseo de regresar es tan fuerte como "una flecha disparada".
6. Hemos pasado unos días muy divertidos en la playa y ciertamente los añoramos.

录音文本 Transcripción de audios

第一课
练习一

1. Wǒ bàba shì wàijiāoguān, zài dàshǐguǎn gōngzuò.
2. Wǒmen chángcháng bānjiā, fùmǔ dào nǎr, wǒ jiù dào nǎr.
3. Zài shíqī suì yǐqián, wó zài Xībānyá、Déguó、Ruìshì hé Yuēdàn zhùguo.
4. Nǐ bú shì wèile xiǎngshòu Zhōngguó de měishí cái lái Zhōngguó xuéxí de ba?

练习二

张德明是一个美国学生，他的爸爸是外交官，在大使馆工作。他跟着父母到过不少国家，在西班牙、德国、瑞士和约旦这四个国家就住了13年。17岁那年，张德明回到美国上大学，他的专业是中文。因为他很喜欢吃中国菜，对中国很感兴趣，所以他又来到北京学习。他刚来北京几天，就认识了马丁，他们成了好朋友。

第二课
练习一

1. sìzhōu de huánjìng
2. duì liúxuéshēng lái shuō
3. bùtóng de guójiā
4. rénshēng mùbiāo
5. xǐhuan jiāo péngyou
6. kāi wánxiào

练习二

中国的大学很像一个小小的城市。校园四周有围墙，校园里边除了上课的地方以外，还有餐厅、咖啡厅、邮局、银行、医院、商店、操场、洗衣房什么的，可以说学校里什么都有，生活很方便。学生们都住在学校里边，很多老师也都住在学校里边。

第三课
练习一

1. Shéi huì bù xǐhuan dàhǎi ne? Wǒ zǎo jiù xiǎng qù Qīngdǎo kànkan, kěshì yìzhí méi qùchéng.
2. Wǒmen chángcháng yì zhěngtiān yì zhěngtiān de zài hǎibiān wánr, bú dào tiānhēi bù kěn huí jiā.
3. Jiù zhème shuōdìng le. Cóng xiàxīngqī kāishǐ, wǒ děi qù zhǎo yí gè dǎgōng de jīhuì, zhuàn diǎnr qián.
4. Duì tāmen lái shuō, fùdān wǒ měi nián de xuéfèi jiù yǐjīng hěn chīlì le.

练习二

赵小英特别喜欢大海。她上小学和初中的时候，每年暑假都要去叔叔家。她叔叔在青岛，住的地方离海边不远。她常常和叔叔的儿子一起，一整天一整天地在海边玩儿，不到天黑不肯回家。他们游泳，看海，或者在沙滩上放风筝。每次得到快开学了，妈妈一封信一封信地催，她才肯回北京。

王玲长这么大，还没见过大海。她想看看大海。她决定明年暑假和赵小英一起去青岛。为了这次旅游，从下星期开始，她得去找一个打工的机会，赚点儿钱。她不好意思为了玩儿去向父母要钱。

第四课
练习一

1. zhāopìn guǎnggào
2. yǒu nàixīn
3. gēn jīnglǐ miàntán
4. zhǎo jīhuì
5. Wàiwén Shūdiàn
6. dānwu gōngzuò
7. zhōumò
8. fǔdǎo shùxué

练习二

王玲在网上看到两个招聘广告，一个是给中学生做家教，一个是当外文书店的售货员。她觉得自己还是去书店比较好。因为她对教孩子没有耐心，另外，她的数学不好，辅导不了中学数学。她给那家外文书店打了电话，告诉他们自己是英语系的学生，想去应聘，周末工作没有问题。那家书店请她周五下午 4 点去店里跟经理面谈一次，王玲同意了。

第五课
练习一

1. Wǒ xiànzài gēn péngyou yìqǐ kāile yì jiā cānguǎn, jiān chúshīzhǎng.
2. Nǐ bú shì yíxiàng dōu tǎoyàn zuòfàn ma?
3. Yì nián duō bú jiàn, nǐ zěnme huì yǒu nàme dà biànhuà?
4. Hòulái wǒ yì xiǎng, jìrán méi kǎoshang dàxué, jiù qù xué chúshī ba.
5. Zhège zhōumò wǒ yào qù bāobao kǒufú.

练习二

马志强是王大伟的中学同学。马志强中学毕业以后，没考上大学，整天呆在家里没事干，还要父母每天做饭给自己吃，觉得很不好意思。他决定去广州学厨师。学回来后，马志强先是给别人打工，后来有一位朋友想开饭馆，他们就合伙开了一家，他兼厨师长。马志强以前讨厌做饭，可现在喜欢上这一行了。他请同学们到他的饭馆来吃饭。

第六课
练习一

1. Jiā li wǒ dōu zhǎobiàn le, yě méi zhǎozháo.

2. Wǒ kàndào shàngmian yǒu yí gè yáogǔn yīnyuèhuì de guǎnggào.

3. Qǐngwèn néng bu néng wǎng shang dìng piào?

练习二

　　王大伟和弟弟王小明都喜欢摇滚乐。昨天的《北京晚报》上有一个广告，说星期五晚上北京体育馆有一个摇滚音乐会，其中有崔健，他们俩很高兴。崔健是他们喜欢的摇滚歌手之一。王大伟还是很多年前听过崔健的音乐会，后来再也没有听过；王小明从来没听过他的演唱会。他们打电话去订票，但没有订到好的座位，因为他们订晚了。

第七课
练习一

1. jiàzhào
2. jǐnzhāng
3. jiéguǒ
4. lùkǒu
5. zuǒzhuǎnwān
6. fákuǎn
7. biāozhì
8. shǒumáng-jiǎoluàn
9. fāngxiàngpán
10. máfan

练习二

　　赵小英前不久拿到了驾照，昨天她想练习一下开车，就让哥哥陪自己去练车。刚上路，一看路上有很多车，她一下子就紧张起来，开起车来手忙脚乱的，也不看路边的交通标志，结果在一个不让左转弯的路口左转弯，被警察罚了款。罚款后，她开车回家，在停车的时候，不小心又撞了别人的车。这一下，不但撞坏了她哥哥的车，还把别人的车也撞坏了。最倒霉的是，她的头撞到了方向盘上，起了一个大包。所以她这两天连课也不能上了，只好在家休息。

第八课
练习一

1. Gāngcái huílái yǐhòu, wǒ xǐle gè liǎn, shuǐlóngtóu jiù guān bu shàng le, bù tíng de lòu shuǐ, érqiě yuèláiyuè lìhai.

2. Yīnggāi yǒu fámén ba? Xiān bǎ fámén guānshang.

3. Nǐmen néng bu néng gǎnkuài pài rén lái xiū yíxià.

练习二

　　玛丽亚的房间里一地的水，因为她卫生间的水龙头坏了，关不上，不停地漏水，而且越来越厉害。她给修理工打了电话，但是却一直没人接，可能修理工下班了。赵小英让玛丽亚先把水龙头的阀门关上。阀门找到了，在水池下面，可是拧不动。她们又给修理工打电话，现在有人了。修理工答应马上来修。

第九课
练习一

1. Qù Shísān Líng hǎo bu hǎo? Nà yídài de fēngjǐng hěn búcuò.

2. Shàngcì hǎoxiàng shéi gěi wǒ jièshàoguo Dōng Líng, shuō nàr búcuò, dàn wǒ yǒudiǎnr wàng le.

3. Dōng Líng shì Qīngcháo huángdì de língmù. Dōng Líng zài Héběi Shěng, lí Běijīng yìbǎi èrshíwǔ gōnglǐ.

4. Yuánlái nǐ zhǐ xiǎng shuì lǎnjiào a! Nǐ yě tài lǎn le!

练习二

　　东陵和西陵都是中国清朝皇帝的陵墓，都在河北省。东陵在北京的东边，离北京125公里（千米），那里埋葬着（están enterrados）五个皇帝。西陵在北京的西边，离北京140公里（千米），埋葬着四个皇帝。东陵和西陵的风景都很美。去东陵或者西陵旅游，可以坐旅游车去，也可以坐火车去；当然，还有很多人自己开车去。

第十课
练习一

1. Zhè liǎng tào fángzi wǒmen dōu kànguo le, nǐ juéde nǎ tào hǎo?

2. Shìqū de fángzi hǎochu shì jiāotōng fāngbiàn.

3. Pèngshang dǔchē shíjiān gèng cháng.

练习二

　　何塞和明子想换一套房子。他们看了两套房子，觉得各有各的好处，也各有各的问题。拿市区的这套来说吧，交通很方便，但是房子小了点儿，周围绿化也不好，而且小区里楼房太多，人也太多。另一套面积大，环境也不错，又靠近森林公园，有树有花有草，空气好。但那套房子是在郊区，离市区比较远，上班不方便，开车至少要一个小时，另外每个月的租金太贵了。他们想找一套又大又不贵、环境又好的房子，可是去哪儿找呢？

第十一课
练习一

1. Wǒ juéde hànzì nánjí le.

2. Wǒ jiānchí xiàqu le.

3. Nǐ de jīngyàn shì duō xiě duō liàn.

4. Jǐnguǎn hànzì duì wǒ lái shuō yǐjīng bú shì wèntí le, dàn wǒ háishi yào měi tiān dōu liàn.

5. Yìbān qíngkuàng xià, wǒ měi tiān huì xiě bàn gè xiǎoshí yǐshàng.

练习二

　　马丁的汉字掌握得很好，他是怎么学习的呢？

　　他告诉我们：刚开始他也觉得汉字很难，怎么也记不住，但他坚持学下去了。他的经验是多写多练，每天尽量多练习。一般情况下，他每天会写半个小时以上的汉字。时间长了，写得多了，就自然记住了。他还做了很多汉字卡片，放在口袋里，有空儿就拿出来看看，想想怎么写。还有，听录音的时候，他尽量把听到的句子写下来。这样既练习了听力，又练习了汉字。现在，尽管汉字对马丁来说已经不是问题了，但他还是每天都要练。

第十二课
练习一

1. jiāchángcài
2. yuánliào
3. zhǐhǎo
4. dào
5. zuìhòu
6. jiǎngjiu
7. chuántǒng
8. chuán
9. náshǒu

练习二

做宫保鸡丁很讲究，需要准备很多东西。这道菜的主料是鸡肉丁和油炸花生米，配料是辣椒、葱、姜、蒜等。做的时候，先在锅里倒上油，把辣椒炸一下，然后把鸡肉丁倒进锅里炒，再放葱、姜、蒜，放盐、糖、酱油、醋，最后放花生米，再加上黄瓜丁。

第十三课
练习一

1. gāncuì
2. tèdiǎn
3. yánsè
4. wén
5. zhǔshí
6. běifāng
7. yánjiū
8. yǐnshí
9. wénhuà
10. zhuānjiā

第十四课
练习一

1. Nǐmen liǎ shēncái chàbuduō, hóngsè de nǐ chuān qǐlai yídìng hǎokàn.
2. Jīntiān wǎnshang de yǎnchū yǒu «Liáng Shānbó yǔ Zhù Yīngtái», zhè shì hěn yǒumíng de yì shǒu qǔzi.
3. Liáng Shānbó hé Zhù Yīngtái shì tóngxué, tāmen zài yìqǐ xuéxí.
4. Tāmen sǐ hòu, biànchéngle yí duì měilì de húdié, yìqǐ fēilái-fēiqù.

练习二

《梁山伯与祝英台》是一个很有名的爱情故事。梁山伯和祝英台是同学，他们在一起学习。梁山伯是一个善良的小伙子，祝英台是一个美丽的姑娘，他们相爱了。可是，那时候，年轻人没有自由恋爱的权利，父母亲才有决定的权利。祝英台的父亲不同意她和梁山伯结婚，非让她和一个有钱人结婚不可。梁山伯伤心地死了。祝英台在和那个有钱人结婚的那一天，也在梁山伯的墓前自杀了。他们死后，变成了一对美丽的蝴蝶，一起飞来飞去。

第十五课
练习一

1. Zhè zhāng shì wǒ xiǎoxué bìyè shíhou de quánbān héyǐng.

2. Nǐ néng rèn chūlai nǎge shì wǒ ma?

3. Dì-yī pái zuì zuǒbian de zhège jiù shì wǒ.

4. Nǐmen bān de tóngxué xiànzài hái yǒu liánxì ma?

5. Wǒ dāngshí hái gěi tā xiěguo yì fēng xìn ne, kěshì tā bù lǐ wǒ.

6. Suízhe niánlíng de zēngzhǎng, wǒ duì nǚháizi de xīnshǎng biāozhǔn yě biàn le.

练习二

今天下午，我去我小学同学王玲的家了。小学六年，我一直和王玲在一个班。我们班一共有三十多个同学，王玲是我们班女生里最聪明、最漂亮的一个。我那时候很喜欢她，我觉得自己偷偷爱上她了。我当时还给她写过一封信，可是她不理我。上中学、上大学的时候，我们都不在一个学校，但我一直没忘了她，我们也一直有联系。不过，随着年龄的增长，我的感情也在变，我们现在只是好朋友。

第十六课
练习一

1. Zhè jǐ tiān, Běijīng de shāngdiàn dōu zài dǎzhé, nǐ qù mǎi shénme dōngxi le méiyǒu?

2. Míngpái fúzhuāng yě dǎzhé ma?

3. Mài dōngxi de rén quèshí bǐ mǎi dōngxi de rén gèng cōngming, tāmen zhīdào zěnme ràng gùkè duō huā qián.

4. Zài wǒmen guójiā, yìbān shāngdiàn měi nián yǒu liǎng cì dǎzhé, dōngtiān shì Shèngdànjié hé Yuándàn qiánhòu, xiàtiān shì qī-bā yuèfèn.

练习二

中国的商店一般在过年过节的时候打折，比如春节、五一节、国庆节等等，大家也都喜欢在打折的时候去买东西，不打折就不买。李芳也是这样，喜欢趁打折的时候买名牌衣服。因为平时她去商店看服装，买吧，觉得太贵，买不起；不买吧，心里又很喜欢，很想要，所以每次都在打折的时候去买几件。但是打折的时候商店的人也很多，好衣服很快就被买走了，不一定能买到合适的。特别是李芳一去就买一大堆东西回来，有些东西买回来以后才发现其实自己并不需要。她常觉得卖东西的人比买东西的人更聪明，他们知道怎么让顾客多花钱。

第十七课
练习一

1. fāngyán
2. fùzá
3. yǔyán
4. chābié
5. jiāotán
6. fèijìn
7. shízài
8. pǔtōnghuà
9. kějiàn
10. jìxù

练习二

汉语方言很复杂。简单地说，汉语共分成七大方言。北方方言属于七大方言之一。北方方言区很大，北京话、天津话都属于北方方言，四川话、山东话等也都属于北方方言。上海话属于吴方言。有很多中国人只能听懂自己方言区的语言，比如北方人听不懂上海话，听不懂广东话，听他们说话的时候，不明白是什么意思。但是不管哪里的中国人，差不多都会说普通话，遇到实在不会说普通话的人，你可以让他们用笔写下来，一看汉字你就会明白了。

第十八课
练习一

1. chàdiǎnr	3. gùxiāng	5. sīxiǎng	7. liǎobuqǐ	9. liúchuán
2. jīngguò	4. wěidà	6. yǐngxiǎng	8. xuéshuō	10. běnrén

练习二

　　孔子是中国古代伟大的思想家，他的思想在中国影响很大，在世界上也很有影响。孔子的思想核心是"仁爱"，也就是爱别人。同时，孔子也是一个伟大的教育家，据说他的学生有三千多人，这在当时是很了不起的。他的思想和学说主要保存在《论语》这本书里，如果你想更多地了解孔子，可以去读读这本书。

第十九课
练习一

1. Tīngshuō guò jǐ tiān Xībānyá de màoyì dàibiǎotuán yào lái Běijīng le.

2. Qíngkuàng yǒuxiē biànhuà, tāmen zhǔnbèi Jiǔyuèdǐ Shíyuèchū lái.

3. Tāmen nàge shíhou lái, yì fāngmiàn qiàtán màoyì, lìng yì fāngmiàn kěyǐ duō cānguān yóulǎn yìxiē míngshèng gǔjì.

4. Tāmen hái yào qù Guǎngzhōu cānguān fǎngwèn, kǎochá yíxià dāngdì de tóuzī huánjìng.

5. Zhè yě nánguài, Zhōngguó de fāngyán běnlái jiù fùzá.

练习二

　　西班牙的贸易代表团本来这几天要来北京，但情况有些变化，所以延期了，延到九月底十月初来。除了北京，代表团还要去广州参观访问，因为他们准备在广州投资办工厂，要考察一下当地的投资环境。代表团一来，需要懂西班牙语又懂汉语的人当翻译，他们让何塞去帮忙。何塞没有做过翻译，怕自己翻不好，影响代表团的工作。马丁觉得何塞一定能当好翻译，因为何塞熟悉贸易，又整天跟中国人打交道。

第二十课
练习一

1. Nǐ zhège zhōumò yǒu shénme ānpái?

2. Zhè liǎng zuò sìmiào de zhōuwéi dōu shì shān, búdàn fēngjǐng hǎo, érqiě fēicháng ānjìng.

3. Zhème shuō Tánzhè Sì hé Jiètái Sì shì fēi qù bùkě le.

练习二

北京是一座有名的古城，已经有三千多年的历史。作为首都，北京的历史也有八百多年了。北京有很多名胜古迹，比如颐和园、北海、故宫、香山等等。北京也有很多现代化的建筑，有很多大饭店、大商店。郊区也有很多可看的地方，比如长城、十三陵、潭柘寺、戒台寺等。北京很大，想游遍北京非十几天不可。每年都有很多外地人、外国人到北京旅游。北京夏天比较热，冬天比较冷，春天有时会刮风，秋天是旅游的黄金季节。如果你想去北京的话，我建议你最好秋天去。

第二十一课
练习一

1. xīnxiān	3. bǎocún	5. zhìshǎo	7. tòngkuài	9. wēnquán
2. jiànzhù	4. zhìjīn	6. qiānzī-bǎitài	8. bīnguǎn	10. yìzhì

练习二

北京郊区有很多名胜古迹，比如潭柘寺和戒台寺。潭柘寺是一座年代久远的古寺，已经有一千七百多年的历史了，寺内还有千年古树。戒台寺至今也有一千三百多年的历史了，寺里的古树也至少有五六百年了。这两座寺庙远离城市，四面都有山，建筑保存得很好。去那里玩，你会觉得环境非常好，空气新鲜，风景美丽。另外，你还能爬山、泡温泉，会玩得很痛快。去潭柘寺和戒台寺，你可以坐旅游车去，也可以坐地铁再换公共汽车去。

第二十二课
练习一

1. Wǒmen zài Běijīng jiāoqū guòle yí gè hěn yǒu yìsi de zhōumò.

2. Zhè jiào liúlián-wàngfǎn, zhè gēn wǒ dǎ wǎngqiú yíyàng, chángcháng shì dǎzhe dǎzhe, jiù wàngle shíjiān, wàngle huí jiā.

3. Jiāoqū huánjìng bǐ chéngshì hǎo. Chéngshì li wūrǎn bǐjiào yánzhòng.

4. Huánjìng wūrǎn shì gè quánqiúxìng de wèntí, wǒ yuèláiyuè juéde bǎohù huánjìng hěn zhòngyào.

练习二

大家都觉得，环境污染的问题越来越严重。因为城市里人多、车多、垃圾多的缘故，城市污染很严重。虽然污染的程度不一样，有的城市轻一些，有的重一些，但普遍都受到了污染。环境污染成了全球性的问题，这个问题关系到每个人的生活质量。真正解决环境问题需要世界各国的共同努力，也需要我们每一个人真正行动起来。这个问题虽然不是一天两天就能解决的，但是现在人们的环保意识正在逐步提高，越来越重视环境保护，越来越觉得保护环境很重要了。

第二十三课
练习一

1. lǐyóu	3. jiǎngxuéjīn	5. guójí	7. hǎoxīn hǎoyì	9. chéngjì bù lǐxiǎng
2. tūrán	4. gōngbù míngdān	6. shēnqǐng	8. fǎn'ér	

练习二

得到奖学金的学生名单在网上公布了，玛丽亚是得奖学生之一。刚听到这个消息时，玛丽亚不相信，怀疑李芳搞错了，学校里叫玛丽亚的女生多着呢，有意大利的，有法国的，还有墨西哥的，不可能是自己。因为她有一门古代汉语课的成绩不太理想，另外她是半年以前申请的奖学金，但一直没消息，所以她以为自己没希望了。李芳告诉她，玛丽亚名字后面的国籍明明写着"西班牙"三个字，不会搞错的。玛丽亚非常高兴。她们决定由玛丽亚请客，到饭店吃一顿。

第二十四课
练习一

1. jùhuì	3. mǎnyì	5. guānxīn	7. kètí	9. chúfēi
2. dōngdàozhǔ	4. tíyì	6. nénglì	8. zhǐdǎo	10. xìngyùn

练习二

玛丽亚在中国大学毕业以后，还想考研究生，因为她觉得自己的知识和研究能力都很不够，想尽量多学一点儿。还有，她如果回国，现在很难找到跟她的研究课题有关的专家来指导她。玛丽亚希望陈教授做自己的研究生导师，但陈教授的研究生很难考，除非成绩很好。她没有把握能不能考上，所以决定下学期去听陈教授的课。

第二十五课
练习一

1. Jīběnshang xiěwán le, zhèngzài xiūgǎi.

2. Zhège tímù cānkǎo zīliào hǎo zhǎo bu hǎo zhǎo?

3. Fánshì néng zhǎodào de zīliào wǒ dōu zhǎobiàn le, shènzhì hái zhuānmén qù nánfāng kǎochále jǐ gè qǐyè.

4. Bìyè yǐhòu nǐ shì xiān huí guó, háishi mǎshàng qù gōngsī gōngzuò?

5. Nǐ zhēn shì guīxīn-sìjiàn, nàme zháojí.

练习二

马丁很快就要毕业了，他的工作已经找好，在一家中国公司工作。现在，他的毕业论文基本上写完了，正在修改。论文题目是《西班牙企业在中国投资现状及前景》。这个题目参考资料不太好找，凡是能找到的资料他都找遍了，甚至还专门去南方考察了几个企业。毕业以后，马丁准备先回国几天，看看父母亲。机票他已经订好了，毕业典礼完了就走。已经两年多没回去了，他有些归心似箭。这次回国，一方面有一些手续要办，另一方面他也想多陪陪父母亲。他觉得一毕业就在北京找到了工作，自己运气很不错。

参考答案 Respuestas a los ejercicios

第一课

一、听两遍录音后，给下列句子标上声调（见录音文本）

二、听录音，然后复述所听内容（见录音文本）

三、替换练习（略）

四、用"无论……都……"回答下列问题（仅供参考）

1. 无论明天下不下雨，我们都去长城。

2. 无论他的工作有多忙，他都一定会帮助我们。

3. 无论他同意还是不同意，我都要做这件事。

4. 无论这个手机有多贵，我都要买。

5. 你无论什么时候给我打电话都可以。

6. 无论多忙，周末我都要休息。

五、看图说话（略）

六、选择词语填空

1. 谁	3 哪儿	5. 得	7. 准备简历
2. 都	4. 无论	6. 为了	8. 学好汉语

七、划线连接下列词语

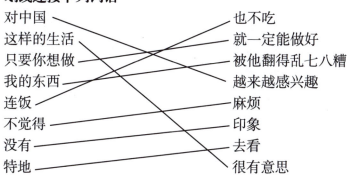

对中国　　　　　　　　也不吃
这样的生活　　　　　　就一定能做好
只要你想做　　　　　　被他翻得乱七八糟
我的东西　　　　　　　越来越感兴趣
连饭　　　　　　　　　麻烦
不觉得　　　　　　　　印象
没有　　　　　　　　　去看
特地　　　　　　　　　很有意思

八、把下列句子翻译成汉语

1. 我刚开始学画中国画。

2. 我们准备在这里呆两天。

3. 何塞已经搬了三次家了。

4. 我觉得大学生活很有意思。

5. 他对学习汉语越来越有兴趣。

6. 他很可能不来了。

第二课

一、听两遍录音后，给下列词语填上声母（见录音文本）

二、听录音，然后复述所听内容（见录音文本）

三、替换练习（略）

四、看图说话（略）

五、选择词语填空

1. 对 这里	3. 别的　一样	5. 什么	7. 正好
2. 对他	4. 什么的	6. 开玩笑	8. 要不要

六、改正下列错句

1. 中国的大学跟我们国家的不一样。

2. 我对这里的环境很熟悉。

3. 他很喜欢多交朋友。

4. 你觉得北京怎么样？

5. 你在这儿可以跟不同国家的人交朋友。

6. 这件事你已经想好了吗？

七、选择适当的介词完成句子

1. 给	3. 给	5. 往	7. 在	9. 被
2. 跟	4. 对	6. 向	8. 把	10. 把

八、把下列句子翻译成汉语

1. 我其实不认识这个人，只是听别人说过。

2. 其实学校离火车站不远。

3. 对我们来说，这个问题很容易回答。

4. 对他来说，这件事不容易做。

5. 听说你最近搬家了，是吗？

6. 听说他找到工作了。

第三课

一、听录音跟读下列句子（见录音文本）

二、听录音，然后复述所听内容（见录音文本）

三、替换练习（略）

四、看图说话（略）

五、选择词语填空

1. 要不然	3. 没有	5. 特别	7. 肯
2. 都	4. 怎么	6. 不	8. 跟

六、用疑问代词（"谁"、"什么"、"哪儿"、"怎么"等）把下列句子改成反问句

1. 我们班的同学谁不会游泳呢？

2. 我们大家哪个人没去过北京呢？

3. 大家谁不认识这个人呢？

4. 小刘怎么敢一个人去呢？

5. 你怎么可能没听说过这件事情呢？

6. 学校里的生活有什么不方便的呢？

七、划线连接下列词语

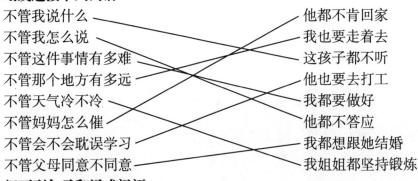

不管我说什么　　　　　他都不肯回家

不管我怎么说　　　　　我也要走着去

不管这件事情有多难　　这孩子都不听

不管那个地方有多远　　他也要去打工

不管天气冷不冷　　　　我都要做好

不管妈妈怎么催　　　　他都不答应

不管会不会耽误学习　　我都想跟她结婚

不管父母同意不同意　　我姐姐都坚持锻炼

八、把下列句子翻译成汉语

1. 我一个电话一个电话地催，他都不肯回家。

2. 我们一整天一整天地在海边玩。

3. 这本书我怎么会不喜欢呢？

4. 快一点儿，要不然会迟到的。

5. 我想他不会不同意。

6. 不管你说什么，我都不会同意的。

第四课

一、根据录音写出下列词语的拼音（见录音文本）

二、听录音，然后复述所听内容（见录音文本）

三、替换练习（略）

四、看图说话（略）

五、选择词语填空

1. 还是	3. 耽误	5. 积累	7. 再
2. 其实	4. 怎么	6. 到	8. 由于

六、改正下列错句

1. 我在报上看到一个广告。

2. 他刚来这儿，什么地方都不熟悉。

3. 无论在什么地方，他都会找到朋友。

4. 因为他每天坚持锻炼，所以身体很健康。
   /为了身体健康，他每天坚持锻炼。

5. 他一次一次地打电话催我们。

6. 我们做不完工作不回家。

七、用指定词语改写句子

1. 一方面因为忙，另一方面也因为没钱，所以我最近没去旅游。

2. 我们一方面要努力工作，另一方面也要注意锻炼身体。

3. 一方面因为工作的需要，另一方面自己也有兴趣，所以他开始学习日语。

4. 由于家教耐心帮助，因此爱琳娜进步很快。

5. 由于他坚持每天练习，因此太极拳打得很好。

6. 由于他忘了给妻子买生日礼物，因此他妻子不太高兴。

八、把下列句子翻译成汉语

1. 我一直没找到合适的工作。

2. 我觉得去打工是不会耽误学习的。

3. 他对这样的事没有耐心。

4. 你能给我辅导一下汉语吗？

5. 我想去这家公司应聘。

6. 你星期五能来我们公司面试吗？

第五课

一、听录音跟读下列句子（见录音文本）

二、听录音，然后复述所听内容（见录音文本）

三、替换练习（略）

四、朗读下列词组（略）

五、看图说话（略）

六、选择词语填空

1. 就	3. 开	5. 跟	7. 连
2. 马马虎虎	4. 呆	6. 专门	8. 饱

七、用指定词语回答问题（仅供参考）

1. 他的身体一向不错。

2. 我弟弟学习一向很努力。

3. 没有，毕业后我跟小张一直没有联系。

4. 是真的，我没有开玩笑。

5. 因为我一直讨厌做饭，所以我不想去餐馆打工。

6. 赵小英旁边的这个人是她的中学同学。

八、把下列句子翻译成汉语

1. 我是在地铁站遇见他的。

2. 我们已经好久没见了。

3. 大学毕业以后，我跟他失去了联系。

4. 他先是在一家公司打工，后来又去当家教。

5. 我想专门去北京学做中餐。

6. 欢迎光临！

第六课

一、听两遍录音后，给下列句子标上声调（见录音文本）

二、听录音，然后复述所听内容（见录音文本）

三、替换练习（略）

四、朗读下列词组（略）

五、根据课文内容完成会话（略）

六、选择词语填空

1. 来着	3. 光	5. 从来	7. 上
2. 遍	4. 之一	6. 下	8. 着

七、划线连接下列词语

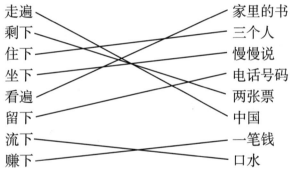

走遍　　　　　　　家里的书
剩下　　　　　　　三个人
住下　　　　　　　慢慢说
坐下　　　　　　　电话号码
看遍　　　　　　　两张票
留下　　　　　　　中国
流下　　　　　　　一笔钱
赚下　　　　　　　口水

八、把下列句子翻译成汉语

1. 我把报纸放在枕头下面了。

2. 票我已经买着了。

3. 他是我最好的朋友之一。

4. 我们还从来没去过那里。

5. 请写上你的名字和地址。

6. 你喜欢听摇滚乐吗？

第七课

一、听两遍录音后，给下列词语填上声母（见录音文本）

二、听录音，然后复述所听内容（见录音文本）

三、替换练习（略）

四、朗读下列词组（略）

五、看图说话（略）

六、选择词语填空

1. 前不久	3. 怎么	5. 倒霉	7. 当时
2. 不小心	4. 不但	6. 麻烦	8. 一回事

七、用"来得及/来不及"完成句子

1. 来得及	3. 来得及	5. 来得及	7. 来得及
2. 来不及	4. 来不及	6. 来得及	8. 来不及

八、把下列句子翻译成汉语

1. 考试的时候，他很紧张。

2. 你看见路边的交通标志了吗？

3. 我没想到事情会这样。

4. 这个路口不让左转弯。

5. 今天怎么这么冷啊！

6. 最倒霉的是他，他的车撞坏了。

第八课

一、听两遍录音后，填上下列句子中的拼音（见录音文本）

二、听录音，然后复述所听内容（见录音文本）

三、替换练习（略）

四、朗读下列词组（略）

五、看图说话（略）

六、选择词语填空

1. 拿得着

2. 找不着

3. 可不是

4. 走不动

5. 做得完

6. 修不好

7. 拧不动

8. 关不上

七、用指定的词语完成句子（略）

八、把下列句子翻译成汉语

1. 你再和他谈一谈，说不定他会同意的。

2. 我们是不是应该去看看他？

3. 你怎么不给我回电话呢？

4. 风不停地刮。

5. 我打过电话，可是却没人接。

6. 他们已经派人来接我们了。

第九课

一、听录音跟读下列句子（见录音文本）

二、听录音，然后复述所听内容（见录音文本）

三、替换练习（略）

四、朗读下列句子（略）

五、看图说话（略）

六、选择词语填空

1. 名胜古迹

2. 风景

3. 骑驴找驴

4. 都

5. 游览

6. 到底

7. 原来

8. 一带

七、用"原来"完成句子（略）

八、把下列句子翻译成汉语

1. 这几天我想好好休息一下。

2. 这一带的名胜古迹我们都游遍了。

3. 西安我们都去过两次了。

4. 你不是说想和他一起去吗？

5. 或者你来，或者我去，怎么样都可以。

6. 最好是你能陪我们去买东西。

第十课

一、听两遍录音后，给下列句子标上声调（见录音文本）

二、听录音，然后复述所听内容（见录音文本）

三、替换练习（略）

四、朗读下列短语（略）

五、说一说（略）

六、选择词语填空

1. 反正	3. 不见得	5. 是	7. 各 各
2. 即使	4. 但是	6. 比较	8. 比较起来

七、用指定词语完成句子（略）

八、把下列句子翻译成汉语

1. 比较起来，我更喜欢住在郊区。

2. 不管天气好不好，反正我一定要去游泳。

3. 我们学校周围的绿化很好。

4. 你到底想找一个什么样的工作呢？

5. 我比较喜欢当老师。

6. 从我家到公司至少要40分钟。

第十一课

一、听两遍录音后，填上下列句子中的拼音（见录音文本）

二、听录音，然后复述所听内容（见录音文本）

三、替换练习（略）

四、朗读下列短语（略）

五、说一说（略）

六、选择词语填空

1. 具体	3. 尽量	5. 自然	7. 像
2. 灰心	4. 清楚	6. 以上	8. 一般

七、划线连接下列词语

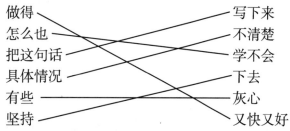

做得   写下来
怎么也   不清楚
把这句话   学不会
具体情况   下去
有些   灰心
坚持   又快又好

八、把下列句子翻译成汉语

1. 你是怎么学习西班牙语的呢？

2. 刚开始我觉得学汉语很难，但我坚持下去了。

3. 你能把你的经验告诉我们吗？

4. 时间长了，自然就习惯了。

5. 除了每天坚持练习以外，没有别的好办法。

6. 我们不需要这么大的房子。

第十二课

一、根据录音写出下列词语的拼音（见录音文本）

二、听录音，然后复述所听内容（见录音文本）

三、替换练习（略）

四、把"可"加在下列句中适当的位置上

1. 我可不知道这件事。

2. 我们可都没有想到会是这样。

3. 这个孩子可真聪明。

4. 他可没有说过这样的话。

5. 我可回答不出来这个问题。

6. 这个问题可不简单。

7. 一个人可拿不了这么多行李。

8. 我可找到他的电话了。

五、说一说（略）

六、选择词语填空

1. 家常菜

2. 教

3. 点

4. 可

5. 传统

6. 拿手

7. 一般

8. 道

七、完成下列句子（仅供参考）

1. 我想先洗澡吃饭，然后<u>看一会儿书</u>，最后<u>再去睡觉</u>。

2. 尽管这套房子很贵，但是<u>我还是租了</u>。

3. 他每次一回到家就先<u>洗个澡</u>。

4. 除了打网球以外，我还<u>喜欢游泳</u>。

5. 放暑假以后，我们想先去旅游两个星期，然后<u>再去打工</u>。

6. 我一看到照片就<u>想起了</u>小时候的事情。

八、把下列句子翻译成汉语

1. 今天的课我都准备好了。

2. 吃西餐是很讲究的。

3. 我们下次再来吧。

4. 这件事他没告诉你吗？

5. 我忘了通知他们了。

6. 你是跟谁学的打太极拳？

第十三课

一、听两遍录音后，给下列词语填上韵母（见录音文本）

二、替换练习（略）

三、朗读下列短语（略）

四、说一说（略）

五、选择词语填空

1. 干脆

2. 不是

3. 动手

4. 颜色

5. 谈不上

6. 成为

7. 说不定

8. 等着瞧

六、用"再说"和"所以"把下面的小句连接成一段话

1. 这套房子租金太贵，再说周围的环境不好，所以我们再看看别的房子吧。

2. 他家离火车站太远，再说天已经黑了，所以还是让他来接我们好。

3. 这件事情不难，再说他不一定有时间，所以我一个人做就行了。

4. 我想挣点儿钱去旅游，再说也想积累一些工作经验，所以我决定每个周末去书店打工。

七、把下列句子翻译成汉语

1. 我当然知道他的爱好是什么。

2. 中餐的特点是色、香、味俱全。

3. 他常看一些介绍中国文化的书。

4. 有时间的话，我还是喜欢和朋友们在一起。

5. 我不是懒，是没有时间。

6. 这道菜又好吃又便宜。

八、把下面的句子改成反问句

1. 这条路我还不熟悉吗？

2. 今天的作业半个小时还不能写完吗？

3. 我还不认识他们吗？

4. 都12点了，还早吗？

5. 他要能来还不早就来了吗？

6. 这几天还不冷吗？

第十四课

一、听录音跟读下列句子（见录音文本）

二、听录音，然后复述所听内容（见录音文本）

三、替换练习（略）

四、朗读下列短语（略）

五、说一说（略）

六、选择词语填空

1. 想来想去

2. 听来听去

3. 说来说去

4. 走来走去

5. 做起事来

6. 看起来

7. 说起来　做起来

8. 带起来

七、完成下列句子（仅供参考）

1. 你应该给家里打个电话，要不然<u>父母会着急的</u>。

2. 我们可以去散步，要不然<u>就去买东西</u>。

3. 他想来想去，<u>不知道这件事应该怎么办</u>。

4. 衣服虽然不少，但我看来看去，<u>没有一件是我喜欢的</u>。

5. 很多人都<u>病了</u>，因为今天天气太冷。

6. 我最近太忙了，所以<u>没有时间看这本书</u>。

八、把下列句子翻译成汉语

1. 你说我们租一个什么样的房子好？

2. 我把汽车借给朋友了。

3. 我们有自由恋爱和结婚的权利。

4. 王大伟和他弟弟的身材差不多。

5. 这个电影让人感动。

6. 他很能干，也很善良，朋友们都喜欢和他在一起。

第十五课

一、听两遍录音后，填上下列句子中的拼音（见录音文本）

二、听录音，然后复述所听内容（见录音文本）

三、替换练习（略）

四、朗读下列短语（略）

五、说一说（略）

六、选择词语填空

1. 看出来

2. 认不出来

3. 想起来

4. 检查出来

5. 合影

6. 有来往/有联系

7. 有联系/有来往

8. 不像

七、完成句子（仅供参考）

1. 他到现在还不来，恐怕<u>不会来了</u>。

2. 现在订票太晚了，恐怕<u>票已经没有了</u>。

3. 那家饭店太贵，恐怕<u>我们的钱不够</u>。

4. 随着年龄的增长，<u>我对人的看法也改变了</u>。

5. 随着天气的变冷，<u>人们穿的衣服越来越厚了</u>。

6. 我给她写过两封信，可是<u>她一直不理我</u>。

八、把下列句子翻译成汉语

1. 这张照片是我中学毕业时照的。

2. 我们班一共有十几个女同学。

3. 照片上最后一排的左边第二个就是我。

4. 你父亲看起来很年轻。

5. 我小时候个子很矮，身体也不好。

6. 你能认出来照片上哪个人是我吗？

第十六课

一、听两遍录音后，填上下列句子中的拼音（见录音文本）

二、听录音，然后复述所听内容（见录音文本）

三、替换练习（略）

四、朗读下列短语（略）

五、说一说（略）

六、选择词语填空

1. 别提多高兴了	3. 趁	5. 平常	7. 买不起
2. 总是	4. 平时	6. 一般	8. 正

七、用指定词语完成句子（略）

八、把下列句子翻译成汉语

1. 西安可参观游览的地方很多。

2. 平时没有时间，我想趁周末去看朋友。

3. 音乐会的票不一定能买到。

4. 不管行不行，试一试也好。

5. 我的朋友们都喜欢在打折的时候去买名牌服装。

6. 在我们国家，一般商店每年有两次打折：一次是圣诞节和元旦前后，另一次是夏天七八月份。

第十七课

一、听两遍录音后，给下列词语填上声母（见录音文本）

二、听录音，然后复述所听内容（见录音文本）

三、替换练习（略）

四、朗读下列短语（略）

五、说一说（略）

六、选择词语填空

1. 可见	3. 只是	5. 交谈	7. 行
2. 属于	4. 实在	6. 继续	8. 不得不

七、把下列句子改成反问句

1. 事情有这么容易吗？

2. 上海话有那么好听吗？

3. 他家离火车站有那么远吗？

4. 今天天气有这么冷吗？

5. 这个问题有这么难解决吗？

6. 汽车开得有那么快吗？

八、把下列句子翻译成汉语

1. 除了王玲和赵小英，别的女生我都不认识。

2. 这里的情况很复杂。

3. 这件事情实在让我们感动。

4. 今天又刮风又下雨，天气实在不好。

5. 他刚来几天，就交了好几个朋友。

6. 我实在听不懂他在说什么，所以不得不请他用笔写下来。

第十八课

一、根据录音写出下列词语的拼音（见录音文本）

二、听录音，然后复述所听内容（见录音文本）

三、替换练习（略）

四、朗读下列短语（略）

五、说一说（略）

六、选择词语填空

1. 还是
3. 差点儿
5. 关于
7. 几乎

2. 就是
4. 谈不上
6. 只是
8. 影响

七、回答下列问题

1. 他买到（火车票）了。

2. 他没买到（火车票）。

3. 赵小英告诉王玲了。

4. 赵小英告诉王玲了。

5. 王大伟认出马志强了。

6. 他没丢护照。

八、把下列句子翻译成汉语

1. 你去中国旅游是一个人去还是和朋友一起去？

2. 坐飞机从北京到上海只需要两个多小时。

3. 我去旅游的时候喜欢坐火车，因为可以和人聊天，也可以看风景。

4. 他差点儿没买着火车票。

5. 中国几乎人人都知道孔子。

6. 这个美丽的故事流传了一千多年。

第十九课

一、听录音跟读下列句子（见录音文本）

二、听录音，然后复述所听内容（见录音文本）

三、替换练习（略）

四、朗读下列短语（略）

五、说一说（略）

六、选择词语填空

1. 难怪
3. 听说
5. 黄金时间
7. 有口音

2. 再也没有
4. 月
6. 一月底
8. 整天

七、用指定词语回答问题（略）

八、把下列句子翻译成汉语

1. 我刚接到通知，他们的参观考察要延期了。

2. 秋天是北京的黄金季节，他们那个时候来更好。

3. 他们这次来，一方面要参观几家工厂，另一方面想游览一下当地的名胜古迹。

4. 听说公司决定在广州投资办工厂。

5. 他熟悉这里，再也没有比他更合适的人了。

6. 我想你当翻译一定没问题。

第二十课

一、听两遍录音后，给下列句子标上声调（见录音文本）

二、听录音，然后复述所听内容（见录音文本）

三、替换练习（略）

四、朗读下列短语（略）

五、说一说（略）

六、选择词语填空

1. 安排　　2. 有　　　3. 作为　　　4. 遗憾　　　5. 约　　　6. 建　　　7. 难　　　8. 建议

七、把下列句子改为使用副词"难道"的反问句

1. 难道他毕业后一直没见过爱琳娜吗？　　4. 难道你真的不喜欢吃烤鸭吗？

2. 难道王玲不相信这件事情吗？　　　　　5. 难道他不知道我的电话号码吗？

3. 难道玛丽亚还没有找到工作吗？　　　　6. 难道他说的话不对吗？

八、把下列句子翻译成汉语

1. 玛丽亚约我们周末去郊游。　　　　4. 这里的风景非常好，而且非常安静。

2. 我建议我们一起去听中国音乐。　　5. 这座建筑有好几百年的历史了。

3. 我还没来得及考虑周末怎么安排。　6. 换句话说，不是我不愿意去，而是我妻子不同意我去。

第二十一课

一、听两遍录音后，给下列词语填上韵母（见录音文本）

二、听录音，然后复述所听内容（见录音文本）

三、替换练习（略）

四、朗读下列短语（略）

五、说一说（略）

六、选择量词填空

1. 双　　2. 家　　3. 个　　　4. 座　　　5. 件　　6. 块　　7. 堆　　8. 封

七、用指定词语改写句子

1. 我好不容易买到这本书。　　　　　4. 今天工作太多，我累死了。

　　我好容易买到这本书。　　　　　5. 这件衣服看起来相当不错。

2. 哪怕工作再忙，他也坚持锻炼身体。　6. 他看起来至少有六十多岁了。

3. 这里的房子哪怕再便宜，我也不会租。

八、把下列句子翻译成汉语

1. 小城的古代建筑保存得很好。

2. 好不容易才出来玩一次，我们一定要玩个痛快。

3. 想不到这里有温泉，我已经好久没泡温泉了。

4. 我觉得你不适合做这个工作。

5. 你们别太疲劳了，否则明天工作不了了。

6. 爬山是一项很好的运动，既能锻炼身体，又能锻炼意志。

第二十二课

一、听两遍录音后，填上下列句子中的拼音（见录音文本）

二、听录音，然后复述所听内容（见录音文本）

三、替换练习（略）

四、朗读下列短语（略）

五、说一说（略）

六、选择词语填空

1. 度假	3. 吃着吃着	5. 看着看着	7. 重
2. 说着说着	4. 走着走着	6. 解决	8. 关系到

七、划线连接下列词语

因为人多、车多、垃圾多的缘故 —— 我没有接到他们

因为身体不好的缘故 —— 他这次考得不好

因为火车晚点的缘故 —— 城市里污染比较严重

因为紧张的缘故 —— 他不能跟我们一起去爬山

因为下雨的缘故 —— 我们没有参观潭柘寺

因为时间不够的缘故 —— 音乐会延期了

八、把下列句子翻译成汉语

1. 听说他们上星期去英国度假了。

2. 我们每天在海边流连忘返。

3. 解决这个问题需要我们的共同努力。

4. 如果可能的话，我想当一辈子翻译。

5. 城市普遍受到了污染，但污染的程度不一样。

6. 环境污染是个全球性的问题。

第二十三课

一、听两遍录音后，给下列词语填上声母（见录音文本）

二、听录音，然后复述所听内容（见录音文本）

三、替换练习（略）

四、朗读下列短语（略）

五、说一说（略）

六、选择词语填空

1. 明明	3. 多	5. 怎么	7. 非得
2. 反而	4. 着呢	6. 说不等就不等	8. 原因

七、划线连接下列词语

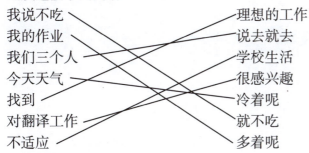

我说不吃 —— 就不吃
我的作业 —— 多着呢
我们三个人 —— 理想的工作
今天天气 —— 冷着呢
找到 —— 说去就去
对翻译工作 —— 很感兴趣
不适应 —— 学校生活

八、把下列句子翻译成汉语

1. 我不太适应这里的环境。

2. 应聘的事一直没消息，我还以为没希望了呢。

3. 这学期我有两门课的成绩不太理想。

4. 他怀疑自己能不能找到一个好工作。

5. 我们说去就去，现在就走。

6. 我对古代汉语这门课很感兴趣。

第二十四课

一、根据录音写出下列词语的拼音（见录音文本）

二、听录音，然后复述所听内容（见录音文本）

三、替换练习（略）

四、朗读下列短语（略）

五、说一说（略）

六、选择词语填空

1. 至于
2. 关心
3. 不够
4. 尽量
5. 也许
6. 除非
7. 为
8. 否则

七、划线连接下列词语

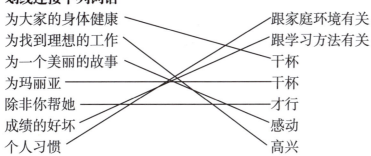

为大家的身体健康 —— 干杯
为找到理想的工作 —— 跟家庭环境有关
为一个美丽的故事 —— 感动
为玛丽亚 —— 干杯
除非你帮她 —— 才行
成绩的好坏 —— 跟学习方法有关
个人习惯 —— 高兴

八、把下列句子翻译成汉语

1. 今天我是东道主，你们随便点菜。

2. 他们正在谈毕业后的打算。

3. 玛丽亚今天怎么那么高兴呀？

4. 我觉得自己的历史知识很不够，所以想尽量多学一点儿。

5. 至于能不能找到理想的工作，谁也没有把握。

6. 能到这家大公司工作，真是太幸运了。

第二十五课

一、听录音跟读下列句子（见录音文本）

二、听录音，然后复述所听内容（见录音文本）

三、替换练习（略）

四、朗读下列短语（略）

五、说一说（略）

六、选择词语填空

1. 甚至　　　　　3. 参考　　　　　5. 舍不得　　　　7. 留恋

2. 基本上　　　　4. 马上　　　　　6. 盼着　　　　　8. 凡是

七、用指定词语回答问题（略）

八、把下列句子翻译成汉语

1. 马丁的毕业论文基本上写完了。

2. 凡是能找到的资料我都看了。

3. 他们最近派人去南方考察了几个企业。

4. 他们的结婚典礼什么时候举行？

5. 我已经两年没回国了，可以说是归心似箭。

6. 我们在海边过得很有意思，真让人留恋。